Paul Mansion

Elemente der Theorie der Determinanten mit vielen Übungsaufgaben

Paul Mansion

Elemente der Theorie der Determinanten mit vielen Übungsaufgaben

ISBN/EAN: 9783743342255

Hergestellt in Europa, USA, Kanada, Australien, Japan

Cover: Foto ©Paul-Georg Meister /pixelio.de

Manufactured and distributed by brebook publishing software (www.brebook.com)

Paul Mansion

Elemente der Theorie der Determinanten mit vielen

Übungsaufgaben

ELEMENTE DER THEORIE

DER

DETERMINANTEN

MIT VIELEN UEBUNGSAUFGABEN

VON

Dr. P. MANSION,
Professor an der Universität zu Gent,
Mitglied der Königlichen belgischen Akademie,
Ausw. Mitglied der K. böhmischen Gesellschaft der
Wissenschaften, u. s. w.

„ALGEBRA UPON ALGEBRA."
SYLVESTER.

DRITTE VERMEHRTE AUFLAGE.

LEIPZIG,
VERLAG VON B. G. TEUBNER
1899

Vorrede.

« Was ist im Grunde genommen die Theorie der Determinanten? Es ist eine über der Algebra stehende Algebra, ein Rechnungsverfahren, welches uns in den Stand setzt, die Resultate der algebraischen Operationen zu combinieren und dieselben vorauszusagen, ähnlich wie wir uns mit Hülfe der Algebra der Ausführung der besonderen Operationen der Arithmetik entheben können » (Sylvester).

Die Theorie der Determinanten wurde von Leibniz um das Jahr 1693 erdacht und von **Cramer** im Jahre 1750 zum zweiten Mal erfunden; sie wurde in einer mehr oder weniger bewussten Weise von Bézout, Vandermonde, **Laplace, Lagrange, Gauss** und **Wronski** angewandt. Im Jahre 1812 wurde endlich diese fruchtbare Lehre in den Händen **Cauchy's** ein hervorragender Zweig der Algebra. Nach ihm haben sie **Jacobi, Cayley, Sylvester, Hermite, Clebsch, Gordan** und andere Mathematiker unserer Zeit zur Grundlage und zum Hülfsmittel der schönsten Untersuchungen der modernen Mathematik gemacht.

Diese Schrift ist eine Einleitung zu den ausgezeichneten Lehrbüchern von **Brioschi, Baltzer, Salmon, Gordan, Günther, Scott, Muir, Suarez** und **Gascó**. Der Leser wird auf dem kürzesten, wo nicht dem leichtesten, Weg in die wichtigsten Lehren dieser neuen Algebra eingeführt.

Wir haben bei der Abfassung dieser Schrift, ausser verschiedenen speciellen Abhandlungen und manchen Handbüchern der Algebra, die analogen Werke von **Brioschi, Baltzer, Diekmann, Dölp, Dostor, Falk, Fontebasso, Garbieri, Hattendorf, Hesse, Janni, Mellberg, Muir, H. Müller, E. Pascal, Gordan, Reidt, Salmon, Schering, Scott, Studnička, Suarez** und **Gascó** zu Rate gezogen. Diese Auflage, welche gleichzeitig in französischer Sprache erscheint, enthält verschiedene Verbesserungen und Einzelheiten, die sich theilweise in der vierten (der dritten französischen) und der fünften (der zweiten deutschen Auflage) befanden. In einem Anhang fügen wir noch verschiedene Uebungsaufgaben hinzu.

Wie in den frühern Auflagen beginnt unser Buch mit einem vorläufigen Kapitel, welches die Anfänger in die Determinantentheorie einführen soll durch eine sehr elementare Entwickelung der Haupteigenschaften und ersten Anwendungen zwei- oder dreizeiliger Determinanten. Dieses Kapitel ist ein Auszug unserer *Einleitung in die Theorie der Determinanten*.

Wir haben die schwierigen Stellen dieses Werkchens mit einem oder zwei Sternchen bezeichnet. Anfänger thun wohl bei erster Lesung die Nummern 6 und 11 der Elemente ohne Beweis anzunehmen und die §§ II und III der Kapitel II und III, sowie alle mit einem oder zwei Sternchen bezeichneten Nummern zu überschlagen.

Wir sprechen unseren lebhaften Dank unseren Mitarbeitern aus : Herrn Professor Dr. **S. Günther**, welcher die Güte hatte, durch ein Vorwort in der Auflage von 1879 diesem Werkchen den Weg nach Deutschland zu bahnen, Herrn Professor Dr. **Horn**, dem Uebersetzer der ersten Auflage, sowie auch unsern Freunden, dem Dechanten von Echternach, Herrn **B. I. Clasen** und dem Lütticher Professor, Herrn **J. Neuberg**, welche die Zusätze der späteren Ausgaben übersetzt haben.

D[r]. P. Mansion.

EINLEITUNG.

I. Zweizeilige Determinanten. System zweier linearen Gleichungen.

1. *Determinante von vier Elementen.* Der Ausdruck
$$r = a_1 b_2 - a_2 b_1$$
wird auf verschiedene Weisen bezeichnet, nämlich

$$r = \begin{vmatrix} a_1 & b_1 \\ a_2 & b_2 \end{vmatrix} = \Sigma \pm a_1 b_2 = (a_1 b_2) = |\, a, b \,|$$

und heisst die *Determinante* der Elemente (a_1, b_1), (a_2, b_2). Das Glied (Term) $a_1 b_2$ ist das *Hauptglied* (Hauptterm) von r; die mit den Strichen obiger Tafel, die alle Elemente enthält, gleichlaufenden Linien heissen die *senkrechten Linien* oder die *Colonnen*, die andern die *horizontalen Linien* oder *die Zeilen*.

Bildungsgesetz von r. Die Determinante r ist gleich der Differenz der Producte der diagonal sich gegenüber stehenden Elemente, wobei das Hauptglied das Zeichen $+$ hat. Demnach ist

I. $\quad \begin{vmatrix} 9 & 8 \\ -5 & 4 \end{vmatrix} = 9 \cdot 4 - (-5) \cdot 8 = 36 + 40 = 76.$

II. $\quad \begin{vmatrix} \sin a & \sin b \\ \cos a & \cos b \end{vmatrix} = \sin a \cos b - \sin b \cos a = \sin(a - b).$

Anmerkung. Jedes Glied einer Determinante von vier Elementen enthält je ein Element aus jeder Colonne und jeder Zeile.

Uebungsaufgaben. 1. Man berechne die Determinanten

$$\begin{vmatrix} 20 & 70 \\ 6 & 5 \end{vmatrix}, \quad \begin{vmatrix} 1\tfrac{3}{4} & 4\tfrac{1}{2} \\ 2\tfrac{1}{4} & 3\tfrac{1}{2} \end{vmatrix}, \quad \begin{vmatrix} ma_1 & mb_1 \\ a_2 & b_2 \end{vmatrix}, \quad \begin{vmatrix} a_1 & \dfrac{b_1}{m} \\ a_2 & \dfrac{b_2}{m} \end{vmatrix}.$$

2. Eine Determinante zu suchen, die $= 0$ ist, wenn $a : b = c : d$.

3. Man gebe die Form einer Determinante der Quantität x, welche folgender Relation genügt :

$$ax^2 + 2bxy + cy^2 = \frac{1}{a}(ax+by)^2 + \frac{x}{a}y^2.$$

2. *Elimination einer Unbekannten aus zwei linearen Gleichungen. Allgemeiner Fall* : *Die Coefficienten der Unbekannten sind nicht beide gleich Null.* Es seien die Gleichungen

$$a_1 x = b_1 \quad \text{oder} \quad a_1 x - b_1 = 0, \qquad (1)$$
$$a_2 x = b_2 \quad \text{oder} \quad a_2 x - b_2 = 0, \qquad (2)$$

in welchen wir annehmen, dass einer der Coefficienten a_1, a_2 der Unbekannten, z. B. a_1, nicht null sei. Wir wollen untersuchen, in welchem Falle der Wert von $x = a_1 : b_1$ gemäss der ersten Gleichung auch der zweiten entspreche, oder in andern Worten (2) mit (1) verträglich sei. Multipliciren wir die erste mit a_2, die zweite mit $-a_1$ und addiren wir beide, so ergiebt sich

$$- a_2 (a_1 x - b_1) + a_1 (a_2 x - b_2) = 0, \qquad (3)$$

das heisst :

$$r \quad \text{oder} \quad a_1 b_2 - a_2 b_1 \quad \text{oder} \quad \begin{vmatrix} a_1 & b_1 \\ a_2 & b_2 \end{vmatrix} = 0. \qquad (3')$$

Die Gleichungen (1) und (2) haben also als Folge (3) oder (3'); (3') ist mithin eine Relation, welche zwischen a_1, b_1, a_2, b_2 bestehen *muss*, wenn (2) mit (1) verträglich sein soll. Diese *notwendige* Bedingung ist auch eine *hinreichende*, denn man kann (2) ableiten von (1) und der Identität (3).

Die Determinante r heisst die *Eliminante*, und $r = 0$ die *Resultante* des Systems der Gleichungen, oder des äquivalenten Systems der homogenen linearen Gleichungen

$$a_1 X + b_1 Y = 0, \quad a_2 X + b_2 Y = 0, \qquad (1'), (2')$$

welches sich aus dem obigen ergiebt, wenn man dieses multipliciert mit einer beliebigen Zahl Y, die nicht null ist, und dann setzt $xY + X = 0$ oder $x = -\dfrac{X}{Y}$. Man hat übrigens

$$X : -Y = b_1 : a_1 = b_2 : a_2.$$

Gemäss diesen Auseinandersetzungen *ist also die Eliminante zweier linearen Gleichungen* 1) *und* (2) *die Determinante der Coefficienten der Unbekannten und der bekannten Zahlen, oder einfach der Coefficienten, wenn man die Gleichungen in der Form homogener Gleichungen* (1'), (2') *dargestellt hat. Ist die Eliminante* r, *so ist* $r = 0$ *die Resultante*.

Anmerkungen. I. Obige Resultate lassen sich folgenderweise zusammenfassen. Wenn die Gleichungen (1) und (2) compatibel sind, d. h. wenn beiden ein und derselbe Wert von x entspricht, so besteht zwischen ihnen eine lineare Relation, nämlich (3). Dividieren wir diese Relation durch a_1 und setzen wir

$$a_2 = m a_1, \qquad (4)$$

so ergiebt sich nach einigen Transpositionen

$$a_2 x - b_2 = m (a_1 x - b_1).$$

Dieselbe Relation (3) unter der Form (3′) führt ebenfalls zu

$$b_2 = \frac{a_2}{a_1} b_1 \quad \text{oder} \quad b_2 = m b_1. \qquad (5)$$

Umgekehrt lässt sich leicht von (4) und (5) die mit (3) und (3′) äquivalente Relation (3″) ableiten. In andern Worten, bestehen (4) und (5), so ist (2) compatibel mit (1); zwischen (1) und (2) besteht eine lineare Relation und $a_1 b_2 - a_2 b_1 = 0$.

II. Ist $a_2 = 0$, so verlangt die Bedingung der Compatibilität (3′), dass $b_2 = 0$; die Gleichung (2) ist also $0 \cdot x = 0$ und der Gleichung (2) wird Genüge geleistet durch den Wert von x der Gleichung (1), aber nicht alle Werte von x nach der Gleichung (2) entsprechen der ersten. Es sind zwar (1) und (2) compatibel, aber nicht äquivalent.

3. *Auflösung zweier linearen Gleichungen. Allgemeiner Fall : die Determinante der Coefficienten der Unbekannten ist nicht null.* Haben wir

$$a_1 x + b_1 y = c_1, \quad a_2 x + b_2 y = c_2, \qquad (1)$$

und multiplicieren wir diese Gleichungen respective zuerst mit b_2 und $-b_1$, und dann mit $-a_1$ und a_2 und addieren wir diese Resultate, so erhalten wir

$$(a_1 b_2 - a_2 b_1) x = c_1 b_2 - c_2 b_1, \quad (a_1 b_2 - a_2 b_1) y = a_1 c_2 - a_2 c_1,$$

woraus sich ergiebt

$$x = \frac{\begin{vmatrix} c_1 & b_1 \\ c_2 & b_2 \end{vmatrix}}{\begin{vmatrix} a_1 & b_1 \\ a_2 & b_2 \end{vmatrix}}, \quad y = \frac{\begin{vmatrix} a_1 & c_1 \\ a_2 & c_2 \end{vmatrix}}{\begin{vmatrix} a_1 & b_1 \\ a_2 & b_2 \end{vmatrix}}. \qquad (2)$$

Der Nenner von x und y ist die Determinante, welche aus den Coefficienten der Unbekannten besteht; der Zähler ist die Determinante, welche sich ergiebt, wenn man im Nenner die Coefficienten von x und y durch die zweiten Glieder der Gleichungen ersetzt.

Es bleibt uns noch, wie **Gauss** bemerkt, zu prüfen, ob die gefundenen Werte von x und y den Gleichungen (1) und (2) genügen. Wenn wir x und y durch diese Werte ersetzen, so werden diese Gleichungen:

$$\frac{a_1(c_1b_2 - c_2b_1) + b_1(a_1c_2 - a_2c_1)}{a_1b_2 - a_2b_1} = c_1,$$

$$\frac{a_2(c_1b_2 - c_2b_1) + b_2(a_1c_2 - a_2c_1)}{a_1b_2 - a_2b_1} = c_2,$$

oder, wenn wir nach c_1 und c_2 ordnen,

$$\frac{c_1(a_1b_2 - a_2b_1) + c_2(a_1b_1 - a_1b_1)}{a_1b_2 - a_2b_1} = c_1, \quad \text{d. h. } c_1 = c_1,$$

$$\frac{c_1(a_2b_2 - a_2b_2) + c_2(a_1b_2 - a_2b_1)}{a_1b_2 - a_2b_1} = c_2, \quad \text{d. h. } c_2 = c_2.$$

Es lösen also die Werte (2) in unserm allgemeinen Falle die Gleichungen (1).

Beispiel III. Auflösung der Gleichungen

$$9x + 11y = 5, \quad 8x + 10y = 4.$$

Es ergiebt sich unmittelbar

$$x = \begin{vmatrix} 5 & 11 \\ 4 & 10 \end{vmatrix} : \begin{vmatrix} 9 & 11 \\ 8 & 10 \end{vmatrix} = 3, \quad y = \begin{vmatrix} 9 & 5 \\ 8 & 4 \end{vmatrix} : \begin{vmatrix} 9 & 11 \\ 8 & 10 \end{vmatrix} = -2.$$

4. Homogene Gleichungen. 1° *Mit zwei Unbekannten.* Wenn $c_1 = c_2 = 0$, sind die Gleichungen homogen und geben als einzige Auflösung $x = 0$, $y = 0$ in unserm Falle, wo $a_1b_2 - a_2b_1$ nicht null ist.

2° *Mit drei Unbekannten.* Setzen wir $Zx + X = 0$, $Zy + Y = 0$, wo Z eine beliebige Zahl, jedoch nicht Null, ist. Multiplicieren wir die Gleichungen (1) mit Z, so stellen sie sich dar in der homogenen Form

$$a_1X + b_1Y + c_1Z = 0, \quad a_2X + b_2Y + c_2Z = 0.$$

Statt zu den Gleichungen (2) führen diese Gleichungen nach einigen Transformationen zu

$$\frac{X}{\begin{vmatrix} b_1 & c_1 \\ b_2 & c_2 \end{vmatrix}} = \frac{-Y}{\begin{vmatrix} a_1 & c_1 \\ a_2 & c_2 \end{vmatrix}} = \frac{Z}{\begin{vmatrix} a_1 & b_1 \\ a_2 & b_2 \end{vmatrix}}.$$

Es sind also X, — Y, Z proportional zu den Determinanten, die sich ergeben durch die Tilgung der 1ten, 2ten, und 3ten Colonne der Tafel

$$\left\| \begin{array}{ccc} a_1 & b_1 & c_1 \\ a_2 & b_2 & c_2 \end{array} \right\|$$

der Coefficienten der homogenen Gleichungen.

II. Dreizeilige Determinanten.

5. *Determinante von neun Elementen.* Der Ausdruck

$$R = a_1 b_2 c_3 + b_1 c_2 a_3 + c_1 a_2 b_3 - c_1 b_2 a_3 - a_1 c_2 b_3 - b_1 a_2 c_3$$

wird folgendermassen bezeichnet :

$$R = \left| \begin{array}{ccc} a_1 & b_1 & c_1 \\ a_2 & b_2 & c_2 \\ a_3 & b_3 & c_3 \end{array} \right| = \Sigma \pm a_1 b_2 c_3 = (a_1 b_2 c_3) = \left| a, b, c \right|,$$

und heisst die *Determinante* der *Elemente* $(a_1, b_1, c_1), (a_2, b_2, c_2), (a_3, b_3, c_3)$. Das *Glied* $a_1 b_2 c_3$ ist das *Hauptglied* von R; die mit den Strichen parallel laufenden Linien der Tafel der Elemente heissen *senkrechte Linien* oder *Colonnen*, die andern *horizontale Linien* oder *Zeilen*.

Bildungsgesetz von R. Man setzt in Gedanken oder in Wirklichkeit rechts neben die dritte Colonne die zwei ersten, oder auch unter die dritte Zeile die zwei ersten Zeilen :

$$\left| \begin{array}{ccc} a_1 & b_1 & c_1 \\ a_2 & b_2 & c_2 \\ a_3 & b_3 & c_3 \end{array} \right| \quad \left| \begin{array}{cc} a_1 & b_1 \\ a_2 & b_2 \\ a_3 & b_3 \end{array} \right| \quad \left| \begin{array}{ccc} a_1 & b_1 & c_1 \\ a_2 & b_2 & c_2 \\ a_3 & b_3 & c_3 \\ a_1 & b_1 & c_1 \\ a_2 & b_2 & c_2 \end{array} \right|;$$

Man berechnet dann die sechs Producte der drei Elemente, welche auf Linien liegen, die mit den zwei Diagonalen parallel laufen, ohne sich um die kürzern parallelen Linien von zwei oder nur einem Elemente zu kümmern. Vor das Hauptglied und die übrigen Producte der von oben links nach unten rechts laufenden Linien setzt man das Zeichen $+$, vor die andern das Zeichen $-$ (**Sarrus**).

$$\text{IV.} \quad \left| \begin{array}{ccc} 2 & -1 & 1 \\ 4 & 6 & -3 \\ 1 & 2 & 3 \end{array} \right| = \left\{ \begin{array}{l} 2.6.3 + (-1)(-3) \cdot 1 + 1.4.2 \\ -1.6.1 - 2(-3)2 - 3.4(-1) \end{array} \right\} = 65.$$

V. $\quad \begin{vmatrix} a & h & g \\ h & b & f \\ g & f & c \end{vmatrix} = abc + 2fgh - af^2 - bg^2 - ch^2.$

VI. $\begin{vmatrix} 0 & c & b \\ c & 0 & a \\ b & a & 0 \end{vmatrix} = 2abc, \quad \begin{vmatrix} 0 & -c & b \\ -c & 0 & -a \\ b & -a & 0 \end{vmatrix} = 2abc, \quad \begin{vmatrix} a & b & c \\ -a & b & m \\ -a & -b & c \end{vmatrix} = 4abc.$

Anmerkung. Jedes der sechs Glieder einer Determinante von neun Elementen enthält je ein Glied aus jeder Colonne und jeder Zeile.

Uebungsaufgaben. 4. Man berechne die Determinanten

$\begin{vmatrix} 5 & 7 & 2 \\ 6 & 1 & 3 \\ -1 & 5 & 2 \end{vmatrix}, \begin{vmatrix} 3 & 4 & 1 \\ 0 & 2 & 5 \\ 0 & 1 & 6 \end{vmatrix}, \begin{vmatrix} 0 & a & b \\ d & 0 & c \\ e & f & 0 \end{vmatrix}, \begin{vmatrix} 0 & a & b \\ a & 0 & b \\ a & b & 0 \end{vmatrix}, \begin{vmatrix} 0 & a & 0 \\ b & 0 & c \\ 0 & d & 0 \end{vmatrix},$

$\begin{vmatrix} a & 0 & b \\ 0 & c & 0 \\ d & 0 & e \end{vmatrix}, \begin{vmatrix} 0 & a & b \\ -a & 0 & c \\ -b & -c & 0 \end{vmatrix}, \begin{vmatrix} x & a & b \\ -a & x & c \\ -b & -c & x \end{vmatrix}, \begin{vmatrix} x & 0 & c \\ -1 & x & b \\ 0 & -1 & a \end{vmatrix}, \begin{vmatrix} a & b & c \\ b & c & a \\ c & a & b \end{vmatrix}.$

5. Man gebe folgenden Polynomen die Form von Determinanten :

$a_1 b_2 - b_1 a_2 + a_2 b_3 - b_2 a_3 + a_3 b_1 - a_1 b_3; \quad a^3 + b^3 + c^3 - 3abc;$

$abc + am^2 + bn^2 + cp^2; \quad 2p^2 q - p^3 - pq^2.$

6. Zu beweisen, dass

$\begin{vmatrix} a^2 & h & g \\ h & b^2 & f \\ g & f & c^2 \end{vmatrix} = -(bg \pm ch)^2,$ wenn $\begin{vmatrix} b^2 & f \\ f & c^2 \end{vmatrix} = 0.$

6. *Beziehungen zwischen den Determinanten von vier und von neun Elementen.* Man hat

$\begin{vmatrix} m & x & y \\ 0 & a_1 & b_1 \\ 0 & a_2 & b_2 \end{vmatrix} = m \begin{vmatrix} a_1 & b_1 \\ a_2 & b_2 \end{vmatrix} = \begin{vmatrix} m & 0 & 0 \\ z & a_1 & b_1 \\ u & a_2 & b_2 \end{vmatrix},$

und im besondern

$\begin{vmatrix} a_1 & b_1 \\ a_2 & b_2 \end{vmatrix} = \begin{vmatrix} 1 & x & y \\ 0 & a_1 & b_1 \\ 0 & a_2 & b_2 \end{vmatrix} = \begin{vmatrix} 1 & 0 & 0 \\ z & a_1 & b_1 \\ u & a_2 & b_2 \end{vmatrix},$

für willkürliche Werte von x, y, z, u. *Man kann also einer Determinante von vier Gliedern die Form einer Determinante von neun Gliedern geben*, und in einzelnen Fällen auch umgekehrt.

Ersetzt man, wie man mitunter zu thun pflegt, die willkürlichen Elemente durch Sternchen, so hat man

$\begin{vmatrix} a & * & * \\ 0 & d & * \\ 0 & 0 & f \end{vmatrix} = a \begin{vmatrix} d & * \\ 0 & f \end{vmatrix} = adf.$

— 11 —

Sind also alle zu derselben Seite der Diagonale einer Determinante gelegenen Elemente $= 0$, *so reduciert sich diese Determinante auf ihr Hauptglied.*

Umgekehrt *lässt sich das Product adf auch unter der Form einer neungliedrigen Determinante darstellen*:

$$\begin{vmatrix} a & * & * \\ 0 & d & * \\ 0 & 0 & f \end{vmatrix} = \begin{vmatrix} a & * & * \\ 0 & d & 0 \\ 0 & * & f \end{vmatrix}.$$

III. Eigenschaften der Determinanten.

7. Erste Eigenschaft. *Um eine Determinante mit m zu multiplicieren oder durch m zu dividieren, multipliciert man die Elemente irgend einer Zeile oder einer Colonne mit m oder dividiert dieselben durch m.*

Erster Beweis: Man prüfe für alle Fälle das Resultat dieser Operationen.

Zweiter Beweis: Auf diese Weise wird jedes Glied der Determinante mit m multipliciert oder durch m dividiert, da jedes Glied (N° 1 und 2, Anmerk.) je ein und nur ein Element jeder Colonne, so wie jeder Zeile als Factor enthält.

Zusätze. I. Haben alle Elemente einer Colonne oder einer Zeile einen gemeinschaftlichen Factor, so kann man sie durch denselben dividieren unter der Bedingung, dass man die neue Determinante mit diesem Factor multipliciert.

II. Um eine Determinante mit (-1) zu multiplicieren oder durch (-1) zu dividieren, genügt es die Zeichen der Elemente einer Colonne oder einer Zeile zu ändern.

Beispiele:

VII. $\begin{vmatrix} a_1 & b_1 & c_1 \\ ma_2 & mb_2 & mc_2 \\ a_3 & b_3 & c_3 \end{vmatrix} = \begin{Bmatrix} + ma_1b_2c_3 + mb_1c_2a_3 + mc_1a_2b_3 \\ - mc_1b_2a_3 - ma_1c_2b_3 - mb_1a_2c_3 \end{Bmatrix} = mR$

VIII. $\begin{vmatrix} 28 & 18 & 24 \\ 12 & 27 & 12 \\ 70 & 15 & 40 \end{vmatrix} = 2.3.4.2.3.5. \begin{vmatrix} 7 & 3 & 3 \\ 2 & 3 & 1 \\ 7 & 1 & 2 \end{vmatrix} = 2.3.4.2.3.5\,(-13).$

Uebungsaufgaben. 7.
$$R = \begin{vmatrix} a_1 & b_1 & c_1 \\ a_2 & b_2 & c_2 \\ a_3 & b_3 & c_3 \end{vmatrix} = \begin{vmatrix} a_1 & -b_1 & c_1 \\ -a_2 & b_2 & -c_2 \\ a_3 & -b_3 & c_3 \end{vmatrix},$$

Zu beweisen, indem man eine Colonne und eine Zeile durch (-1) multipliciert.

8. Man beweise die folgenden Relationen:

$$\begin{vmatrix} bc & 1 & a \\ ca & 1 & b \\ ab & 1 & c \end{vmatrix} = \begin{vmatrix} 1 & a & a^2 \\ 1 & b & b^2 \\ 1 & c & c^2 \end{vmatrix}, \quad \begin{vmatrix} a_1 & -1 & 0 \\ b_2 & a_2 & -1 \\ 0 & b_3 & a_3 \end{vmatrix} = \begin{vmatrix} a_1 & -\sqrt{b_2} & 0 \\ \sqrt{b_2} & a_2 & -\sqrt{b_3} \\ 0 & \sqrt{b_3} & a_3 \end{vmatrix};$$

9.

$$\begin{vmatrix} a & b & c \\ \alpha & \beta & \gamma \\ A & B & C \end{vmatrix} = \begin{vmatrix} 1 & 1 & 1 \\ \alpha bc & a\beta c & ab\gamma \\ \dfrac{A}{a} & \dfrac{B}{b} & \dfrac{C}{c} \end{vmatrix}.$$

8. Zweite Eigenschaft. *In einer Determinante kann man die Colonnen in Zeilen und die Zeilen in Colonnen umändern.* Denn

$$\begin{vmatrix} a_1 & a_2 & a_3 \\ b_1 & b_2 & b_3 \\ c_1 & c_2 & c_3 \end{vmatrix} = \left\{ \begin{array}{l} + a_1 b_2 c_3 + a_2 b_3 c_1 + a_3 b_1 c_2 \\ - a_3 b_2 c_1 - a_1 b_3 c_2 - a_2 b_1 c_3 \end{array} \right\} = R.$$

Anwendung. Folgende (sogenannte hemisymmetrische) Determinante

IX.
$$\begin{vmatrix} 0 & c & b \\ -c & 0 & a \\ -b & -a & 0 \end{vmatrix} \text{ ist } = 0,$$

denn sie verändert ihren Wert nicht, wenn man alle ihre Zeilen mit (-1), sie selbst also mit $(-1)^3 = -1$ multipliciert.

9. Dritte Eigenschaft. *Eine Determinante ändert ihr Zeichen, wenn man zwei Colonnen oder zwei Zeilen mit einander vertauscht.* So ist

$$\begin{vmatrix} c_1 & b_1 & a_1 \\ c_2 & b_2 & a_2 \\ c_3 & b_3 & a_3 \end{vmatrix} = \left\{ \begin{array}{l} + c_1 b_2 a_3 + b_1 a_2 c_3 + a_1 c_2 b_3 \\ - a_3 b_2 c_1 - c_1 a_2 b_3 - b_1 c_2 a_3 \end{array} \right\} = -R,$$

und ebenso für jede der fünf andern möglichen Vertauschungen von Colonnen oder Zeilen.

Zusatz. *Der Wert einer Determinante von neun Elementen wird nicht verändert, wenn man zwei Zeilen und zwei Colonnen mit einander vertauscht, oder wenn man die erste Zeile oder die erste Colonne als die letzte anschreibt,* was auf dasselbe hinausläuft, als wenn man die erste mit der zweiten und dann diese zweite mit der letzten vertauscht. Dadurch wird nämlich das Zeichen zweimal verändert, d. h. keine Veränderung hervorgebracht. Also

$$R = \begin{vmatrix} c_3 & b_3 & a_3 \\ c_2 & b_2 & a_2 \\ c_1 & b_1 & a_1 \end{vmatrix} = \begin{vmatrix} b_1 & c_1 & a_1 \\ b_2 & c_2 & a_2 \\ b_3 & c_3 & a_3 \end{vmatrix} = \begin{vmatrix} b_2 & c_2 & a_2 \\ b_3 & c_3 & a_3 \\ b_1 & c_1 & a_1 \end{vmatrix}.$$

— 13 —

10. Vierte Eigenschaft. *Eine Determinante ist* $= 0$, *wenn sie zwei gleiche Zeilen oder Colonnen enthält*. *Erster Beweis*: Man prüfe den Lehrsatz für alle möglichen Fälle. *Zweiter Beweis*: Es sei r oder R eine Determinante mit zwei gleichen Zeilen oder Colonnen. Durch die Verwechslung der beiden gleichen Zeilen oder Colonnen wird die Determinante in Folge der zweiten Eigenschaft $-r$ oder $-R$. Anderseits kann die Verwechslung gleicher Elemente keine Veränderung hervorbringen, also bleibt ihr Wert r oder R. Mithin ist $r = -r$ oder $R = -R$, d. h. $2r = 0$ oder $2R = 0$, also auch $r = 0$ oder $R = 0$. Also :

$$\begin{vmatrix} a_1 & b_1 & c_1 \\ a_2 & b_2 & c_2 \\ a_1 & b_1 & c_1 \end{vmatrix} = \left\{ \begin{array}{l} + a_1 b_2 c_1 + b_1 c_2 a_1 + c_1 a_2 b_1 \\ - c_1 b_2 a_1 - a_1 c_2 b_1 - b_1 a_2 c_1 \end{array} \right\} = 0.$$

Diesen Lehrsatz kann man auch in folgender Weise ausdrücken: *Ersetzt man in einer Determinante die Elemente einer Zeile oder Colonne durch die entsprechenden Elemente einer parallelen Linie, so wird die Determinante* $= 0$.

Uebungsaufgabe. 10. Die erste der durch die Gleichungen

$$\begin{vmatrix} 1 & x & y \\ 1 & x_1 & y_1 \\ 1 & x_2 & y_2 \end{vmatrix} = 0, \quad \begin{vmatrix} 0, & x-a, & y-b \\ 1 & x_1 & y_1 \\ 1 & x_2 & y_2 \end{vmatrix} = 0,$$

bezeichneten Geraden geht durch die Puncte, deren Coordinaten (x_1, y_1), (x_2, y_2) sind; die andere geht durch den Punct, dessen Coordinaten (a, b) sind, und beide Linien sind parallel.

Zusatz. *Eine Determinante ist* $= 0$, *wenn die Elemente einer Zeile oder Colonne den mit demselben Factor m multiplicierten Elementen einer parallelen Zeile oder Colonne gleich sind*. Wenn man nämlich diese Determinante durch m dividiert, indem man alle Elemente letzterer Zeile oder Colonne durch m dividiert (Erste Eigenschaft), so erhält man eine Determinante, die $= 0$ ist, weil sie zwei gleiche Zeilen oder Colonnen enthält. So ist

X. $\quad \begin{vmatrix} 5 & 3 & 7 \\ 15 & 9 & 21 \\ 3 & 1 & 1 \end{vmatrix} = 3 \begin{vmatrix} 5 & 3 & 7 \\ 5 & 3 & 7 \\ 3 & 1 & 1 \end{vmatrix} = 3.0 = 0.$

Uebungsaufgabe 11. Ohne Ausrechnung zu beweisen, dass a und b Wurzeln folgender Gleichung sind :

$$\begin{vmatrix} 1 & 1 & 1 \\ a & x & c \\ b & b & x \end{vmatrix} = 0.$$

IV. Eigenschaften der Unterdeterminanten.

11. Definition. Der Coefficient eines Elementes in einer Determinante, oder präciser, Alles zusammen, womit in einer Determinante ein Element multipliciert ist, heisst die zu diesem Elemente gehörige *Unterdeterminante* dieser Determinante. Die Unterdeterminanten von

$$R = \begin{vmatrix} a_1 & b_1 & c_1 \\ a_2 & b_2 & c_2 \\ a_3 & b_3 & c_3 \end{vmatrix} = \left\{ \begin{array}{l} + a_1 b_2 c_3 + b_1 c_2 a_3 + c_1 a_2 b_3 \\ - a_3 b_2 c_1 - b_3 c_2 a_1 - c_3 a_2 b_1 \end{array} \right\},$$

in Bezug auf die neun Elemente

$$a_1, b_1, c_1, \quad a_2, b_2, c_2, \quad a_3, b_3, c_3,$$

werden gewöhnlich durch

$$A_1, B_1, C_1, \quad A_2, B_2, C_2, \quad A_3, B_3, C_3$$

bezeichnet.
Man findet leicht

$$A_1 = + \begin{vmatrix} b_2 & c_2 \\ b_3 & c_3 \end{vmatrix}, \quad A_2 = - \begin{vmatrix} b_1 & c_1 \\ b_3 & c_3 \end{vmatrix}, \quad A_3 = + \begin{vmatrix} b_1 & c_1 \\ b_2 & c_2 \end{vmatrix},$$

$$B_1 = - \begin{vmatrix} a_2 & c_2 \\ a_3 & c_3 \end{vmatrix}, \quad B_2 = + \begin{vmatrix} a_1 & c_1 \\ a_3 & c_3 \end{vmatrix}, \quad B_3 = - \begin{vmatrix} a_1 & c_1 \\ a_2 & c_2 \end{vmatrix},$$

$$C_1 = + \begin{vmatrix} a_2 & b_2 \\ a_3 & b_3 \end{vmatrix}, \quad C_2 = - \begin{vmatrix} a_1 & b_1 \\ a_3 & b_3 \end{vmatrix}, \quad C_3 = + \begin{vmatrix} a_1 & b_1 \\ a_2 & b_2 \end{vmatrix}.$$

Jede dieser Unterdeterminanten ist, abgesehen vom Vorzeichen, die Determinante der vier Elemente, welche übrig bleiben, wenn man in der Determinante die Zeile und die Colonne streicht, welche sich in dem dieser Unterdeterminante entsprechenden Elemente kreuzen. Den Unterdeterminanten B_2, A_1, C_3, C_1, A_3, welche den Elementen der beiden Diagonalen entsprechen, giebt man das Vorzeichen $+$, den andern das Zeichen $-$.

Zusatz. *Die Unterdeterminante M einer Determinante in Bezug auf das Element m ist also ganz unabhängig von allen Elementen der Zeile und der Colonne, denen m angehört und bleibt desswegen unverändert, wenn man die Elemente der Zeile und Colonne von m durch andere Zahlen ersetzt.*

12. Eigenschaften der Unterdeterminanten von R. Dieselben sind in den achtzehn folgenden Gleichungen enthalten

$R = a_1A_1 + b_1B_1 + c_1C_1, \quad R = a_1A_1 + a_2A_2 + a_3A_3,$
$0 = a_2A_1 + b_2B_1 + c_2C_1, \quad 0 = b_1A_1 + b_2A_2 + b_3A_3,$
$0 = a_3A_1 + b_3B_1 + c_3C_1, \quad 0 = c_1A_1 + c_2A_2 + c_3A_3,$
$0 = a_1A_2 + b_1B_2 + c_1C_2, \quad 0 = a_1B_1 + a_2B_2 + a_3B_3,$
$R = a_2A_2 + b_2B_2 + c_2C_2, \quad R = b_1B_1 + b_2B_2 + b_3B_3,$
$0 = a_3A_2 + b_3B_2 + c_3C_2, \quad 0 = c_1B_1 + c_2B_2 + c_3B_3.$
$0 = a_1A_3 + b_1B_3 + c_1C_3, \quad 0 = a_1C_1 + a_2C_2 + a_3C_3,$
$0 = a_2A_3 + b_2B_3 + c_2C_3, \quad 0 = b_1C_1 + b_2C_2 + b_3C_3,$
$R = a_3A_3 + b_3B_3 + c_3C_3, \quad R = c_1C_1 + c_2C_2 + c_3C_3.$

Die Richtigkeit dieser Gleichungen ergäbe sich leicht aus der directen Berechnung. Aber auch ohne Berechnung lässt sich dieselbe leicht beweisen.

Erste Eigenschaft. *Die Determinante R ist die Summe der Producte jedes Elementes irgend einer Zeile oder Colonne mit der zu ihm gehörigen Unterdeterminante.* Es sei zu beweisen, dass

$$R = a_1A_1 + b_1B_1 + c_1C_1.$$

Nach der Definition der Unterdeterminanten ist a_1A_1 die algebraische Summe aller Glieder der Determinante R, welche das Element a_1, b_1B_1 aller, welche das Element b_1, und c_1C_1 aller, welche das Element c_1 enthalten. Also ist 1° jedes Glied der Determinante in jener Summe enthalten, denn jedes Glied enthält ein Element der ersten Zeile, also entweder a_1 oder b_1 oder c_1; und 2° ist kein Glied zweimal darin enthalten, denn kein Glied enthält zwei Elemente der ersten Zeile, also nicht zugleich a_1 und b_1 oder a_1 und c_1 oder b_1 und c_1. Um zu beweisen, dass $R = a_1A_1 + a_2A_2 + a_3A_3$, würde man sich darauf stützen, dass jedes Glied der Determinante *ein* und *nur ein* Element der ersten Colonne $(a_1 a_2 a_3)$ enthält.

Zweite Eigenschaft. *Die Summe der Producte jedes Elementes irgend einer Linie (Zeile oder Colonne) mit der Unterdeterminante, welche zu dem entsprechenden Elemente einer parallelen Linie gehört, ist gleich Null.*

Es sei zu beweisen, dass

$$0 = a_3A_1 + b_3B_1 + c_3C_1.$$

Ersetzen wir in der Determinante R die Elemente a_1, b_1, c_1 der ersten

Zeile durch die der dritten $a_3 b_3 c_3$, so erleiden dadurch die Unterdeterminanten in Bezug auf die Elemente der ersten Zeile keine Veränderung (N^r 11, Zusatz) und bleiben A_1, B_1, C_1. Die neue Determinante R' ist also, wie wir eben bewiesen haben,

$$R' = a_3 A_1 + b_3 B_1 + c_3 C_1.$$

Diese Determinante ist aber $= 0$, weil ihre erste Zeile der dritten gleich ist (Eigensch. IV). Also

$$a_3 A_1 + b_3 B_1 + c_3 C_1 = 0.$$

Um zu beweisen, dass

$$b_1 A_1 + b_2 A_2 + b_3 A_3 = 0,$$

würde man sich in ähnlicher Weise auf den Lehrsatz berufen, dass eine Determinante mit zwei gleichen Colonnen $= 0$ ist.

V. System von drei linearen Gleichungen.

13. *Elimination zweier Unbekannten aus drei linearen Gleichungen. Allgemeiner Fall: Eine der drei Determinanten der Coefficienten der Unbekannten ist nicht null.*

Es seien die drei linearen Gleichungen zwischen zwei Unbekannten

$$a_1 x + b_1 y = c_1 \quad \text{oder} \quad a_1 x + b_1 y - c_1 = 0, \quad (1)$$
$$a_2 x + b_2 y = c_2 \quad \text{oder} \quad a_2 x + b_2 y - c_2 = 0, \quad (2)$$
$$a_3 x + b_3 y = c_3 \quad \text{oder} \quad a_3 x + b_3 y - c_3 = 0. \quad (3)$$

Wir setzen $R = |a, b, c|$ und bezeichnen mit $A_1, B_1, \ldots, C_3$ die Unterdeterminanten von R. Auch setzen wir voraus, eine der Unterdeterminanten C_1, C_2, C_3, zum Beispiel $C_3 = a_1 b_2 - a_2 b_1$, sei von Null verschieden, was uns gestattet die Gleichungen (1) und (2) nach x und y aufzulösen.

Gemäss N^r 3 geben die Gleichungen (1) und (2) die bestimmten Werte

$$x = -\frac{A_3}{C_3}, \quad y = -\frac{B_3}{C_3}.$$

Suchen wir nun, in welchem Falle diese Werte auch der Gleichung (3) entsprechen, oder in andern Worten, wenn (3) mit (1) und (2) compatibel ist. Zu diesem Zwecke wollen wir (1) mit C_1, (2) mit C_2, (3) mit C_3 multipliciren und die Resultate addiren. Wir finden :

$$C_1 (a_1 x + b_1 y - c_1) + C_2 (a_2 x + b_2 y - c_2) + C_3 (a_3 x + b_3 y - c_3) = 0, \quad (4)$$

d. h. gemäss den Eigenschaften der Unterdeterminanten

$$C_1 c_1 + C_2 c_2 + C_3 c_3 \quad \text{oder} \quad R = 0. \quad (4')$$

Die Gleichungen (1), (2), (3) führen also zu (4) oder (4'), welches folglich eine *notwendige* Bedingung der Compatibilität von (3) mit (1), (2) ist. Diese Bedingung ist ebenfalls eine *hinreichende*, weil sich (3) von (1), (2) ableiten lässt, wenn diese Bedingung (4') oder (4) erfüllt ist.

Die Determinante R heisst die *Eliminante*, und $R = 0$ die *Resultante* des Systems der Gleichungen (1), (2), (3), so wie des äquivalenten Systems homogener linearen Gleichungen

$$a_1X + b_1Y + c_1Z = 0, a_2X + b_2Y + c_2Z = 0, a_3X + b_3Y + c_3Z = 0, (1', 2', 3')$$

welches sich ergiebt, wenn wir (1), (2), (3) mit einer beliebigen Zahl Z, die nicht Null ist, multipliciren und setzen

$$xZ + X = 0, \quad yZ + Y = 0.$$

Nach Obigem *ist also die Eliminante von drei linearen Gleichungen* (1), (2), (3) *die Determinante der Coefficienten der Unbekannten und der vollständig bekannten Elemente, oder, wenn die Gleichungen in der Form homogener Gleichungen* (1',) (2'), (3') *dargestellt sind, der Coefficienten der Unbekannten*. Die *Resultante* erhält man, wenn man die Eliminante gleich Null setzt.

Anmerkung. Den Resultaten, zu welchen wir gelangt sind, wenn $R = 0$, können wir eine andere Form geben. Da $R = 0$, ergiebt sich gemäss den Eigenschaften der Unterdeterminanten:

$$a_1C_1 + a_2C_2 + a_3C_3 = 0, \; b_1C_1 + b_2C_2 + b_3C_3 = 0, \; c_1C_1 + c_2C_2 + c_3C_3 = 0,$$

oder, wenn wir durch C_3 dividiren und dann setzen

$$m = -\frac{C_1}{C_3}, \quad n = -\frac{C_2}{C_3}:$$

$$a_3 = ma_1 + na_2, \quad b_3 = mb_1 + nb_2, \quad c_3 = mc_1 + nc_2. \quad (5)$$

Ebenso ergiebt sich aus der Relation (4) durch Division und Transposition:

$$a_3x + b_3y - c_3 = m(a_1x + b_1y - c_1) + n(a_2x + b_2y - c_2). \quad (4'')$$

Gemäss (4'') müssen die Werte, welche (1) und (2) entsprechen, ebenfalls (3) entsprechen.

Umgekehrt lässt sich von den Relationen (5) leicht (4'') ableiten; man sieht auch, dass $R = 0$, gemäss diesen Relationen (5), wenn man die erste Zeile von R mit m, die zweite mit n multiplicirt und dann beide von der dritten subtrahirt.

Beispiel. XI. Die Gleichung einer geraden Linie, welche durch die zwei Puncte $(x_1, y_1), (x_2, y_2)$ geht, hat die Form

$$mx + ny = p.$$

Mithin haben wir
$$mx_1 + ny_1 = p, \quad mx_2 + ny_2 = p.$$
Durch Elimination von m, n, p aus diesen drei Relationen ergiebt sich
$$\begin{vmatrix} x & y & 1 \\ x_1 & y_1 & 1 \\ x_2 & y_2 & 1 \end{vmatrix} = 0.$$

Uebungsaufgabe. 12. Die Gleichung eines Kreises suchen, der durch drei Puncte $(x_1, y_1), (x_2, y_2), (x_3, y_3)$ bestimmt wird.

14. *Auflösung von drei linearen Gleichungen. Allgemeiner Fall: die Determinante der Coefficienten der Unbekannten ist nicht* $= 0$. Es seien die Gleichungen
$$\begin{aligned} a_1 x + b_1 y + c_1 z &= d_1, \\ a_2 x + b_2 y + c_2 z &= d_2, \\ a_3 x + b_3 y + c_3 z &= d_3, \end{aligned} \quad (1)$$
gegeben. Da
$$R = a_1 A_1 + a_2 A_2 + a_3 A_3 = b_1 B_1 + b_2 B_2 + b_3 B_3 = c_1 C_1 + c_2 C_2 + c_3 C_3$$
nicht $= 0$, so sind weder A_1, A_2, A_3, noch B_1, B_2, B_3, noch C_1, C_2, C_3 zugleich $= 0$. Multiplicieren wir diese Gleichungen respective mit A_1, A_2 und A_3, dann ebenfalls mit B_1, B_2, B_3 und schliesslich mit C_1, C_2, C_3, und addieren wir sie jedesmal, so erhalten wir gemäss den Eigenschaften der Unterdeterminanten:
$$\begin{aligned} (a_1 A_1 + a_2 A_2 + a_3 A_3) x &= d_1 A_1 + d_2 A_2 + d_3 A_3, \\ (b_1 B_1 + b_2 B_2 + b_3 B_3) y &= d_1 B_1 + d_2 B_2 + d_3 B_3, \\ (c_1 C_1 + c_2 C_2 + c_3 C_3) z &= d_1 C_1 + d_2 C_2 + d_3 C_3, \end{aligned}$$
woraus wir herleiten
$$x = \frac{d_1 A_1 + d_2 A_2 + d_3 A_3}{a_1 A_1 + a_2 A_2 + a_3 A_3} = \frac{\begin{vmatrix} d_1 & b_1 & c_1 \\ d_2 & b_2 & c_2 \\ d_3 & b_3 & c_3 \end{vmatrix}}{\begin{vmatrix} a_1 & b_1 & c_1 \\ a_2 & b_2 & c_2 \\ a_3 & b_3 & c_3 \end{vmatrix}}, \; y = \text{etc.}, \; z = \text{etc.} \quad (2)$$

Der Nenner von x, y, z ist die Determinante, deren Elemente die Coefficienten der Gleichungen sind; ersetzt man in dieser Determinante die Coefficienten von x in den verschiedenen Gleichungen durch die zweiten Glieder dieser Gleichungen, so erhält man den Zähler von x, und in ähnlicher Weise findet man die Zähler von y und von z.

Zur Probe, ob die Werte (2) den Gleichungen (1) entsprechen, wollen wir sie z. B. in der ersten Gleichung den Unbekannten substituieren. Diese wird dann

$$\frac{a_1(d_1A_1+d_2A_2+d_3A_3)+b_1(d_1B_1+d_2B_2+d_3B_3)+c_1(d_1C_1+d_2C_2+d_3C_3)}{R}=d_1$$

oder, indem wir den Zähler nach d_1, d_2, d_3 ordnen,

$$\frac{d_1(a_1A_1+b_1B_1+c_1C_1)+d_2(a_1A_2+b_1B_2+c_1C_2)+d_3(a_1A_3+b_1B_3+c_1C_3)}{R}=d_1$$

oder, gemäss den Eigenschaften der *Unterdeterminanten*, $d_1 = d_1$. Ebenso findet man durch Substitution der Werte (2) in der zweiten und dritten Gleichung (1): $d_2 = d_2, d_3 = d_3$. Wie also jedes System von Auflösungen, das den Gleichungen (1) entspricht, auch den Gleichungen (2) genügt, so ist auch das Umgekehrte der Fall. Mithin sind die Werte (2) Auflösungen von (1) und zwar die einzigen.

Beispiel XII. Die Gleichungen

$$x + 2y + 3z = 14, \quad 3x + y + 2z = 11, \quad 2x + 3y + z = 11$$

geben unmittelbar

$$x = \frac{\begin{vmatrix} 14 & 2 & 3 \\ 11 & 1 & 2 \\ 11 & 3 & 1 \end{vmatrix}}{\begin{vmatrix} 1 & 2 & 3 \\ 3 & 1 & 2 \\ 2 & 3 & 1 \end{vmatrix}} = 1, \; y = \frac{\begin{vmatrix} 1 & 14 & 3 \\ 3 & 11 & 2 \\ 2 & 11 & 1 \end{vmatrix}}{\begin{vmatrix} 1 & 2 & 3 \\ 3 & 1 & 2 \\ 2 & 3 & 1 \end{vmatrix}} = 2, \; z = \frac{\begin{vmatrix} 1 & 2 & 14 \\ 3 & 1 & 11 \\ 2 & 3 & 11 \end{vmatrix}}{\begin{vmatrix} 1 & 2 & 3 \\ 3 & 1 & 2 \\ 2 & 3 & 1 \end{vmatrix}} = 3.$$

Uebungsaufgaben. 13. Auflösung der Gleichungen

$5x - 3y + 2z = 3,$ $3x + 12y + 5z + 43 = 0,$ $(b+c)x - a(y+z) = b-c,$
$4x + 5y - 3z = 21,$ $4x - 17y + 2z - 23 = 0,$ $(c+a)y - b(z+x) = c-a,$
$5x - 2y - 3z = -12;$ $5x - 3y - 10z + 76 = 0;$ $(a+b)z - c(x+y) = a-b.$

14. Auflösung der Gleichungen

$$\alpha x + y + z = m, \quad x + \alpha y + z = n, \quad x + y + \alpha z = p.$$

Besondere Fälle : 1° $\alpha = 0$; 2° $\alpha = -1$.

15. Auflösung der Gleichungen

$$\begin{array}{ll} x + y + z = 1, & u + av + a^2w = a^3, \\ ax + by + cz = n, & u + bv + b^2w = b^3, \\ a^2x + b^2y + c^2z = p; & u + cv + c^2w = c^3. \end{array}$$

15. *Homogene Gleichungen.* 1° *Mit drei Unbekannten.* Ist

$$d_1 = d_2 = d_3 = 0,$$

d. h. sind die drei Gleichungen homogen, so ist $x = 0, \; y = 0, \; z = 0$

die *einzige* Auflösung in unserm Falle, wo $|a, b, c|$ verschieden von Null ist.

2° *Mit vier Unbekannten.* Wir setzen $Ux + X = 0$, $Uy + Y = 0$, $Uz + Z = 0$, wo U eine beliebige von Null verschiedene Zahl bezeichnet. Multiplicieren wir die Gleichungen (1) mit U, so stellen diese sich dar in der Form der homogenen Gleichungen

$$a_1 X + b_1 Y + c_1 Z + d_1 U = 0.$$
$$a_2 X + b_2 Y + c_2 Z + d_2 U = 0,$$
$$a_3 X + b_3 Y + c_3 Z + d_3 U = 0.$$

Nach einigen Transformationen ergiebt sich an Stelle der Gleichungen (2):

$$\frac{X}{\begin{vmatrix} b_1 & c_1 & d_1 \\ b_2 & c_2 & d_2 \\ b_3 & c_3 & d_3 \end{vmatrix}} = \frac{-Y}{\begin{vmatrix} a_1 & c_1 & d_1 \\ a_2 & c_2 & d_2 \\ a_3 & c_3 & d_3 \end{vmatrix}} = \frac{Z}{\begin{vmatrix} a_1 & b_1 & d_1 \\ a_2 & b_2 & d_2 \\ a_3 & b_3 & d_3 \end{vmatrix}} = \frac{-U}{\begin{vmatrix} a_1 & b_1 & c_1 \\ a_2 & b_2 & c_2 \\ a_3 & b_3 & c_3 \end{vmatrix}}.$$

Folglich sind $X, -Y, Z, -U$ proportional den Determinanten, die sich ergeben, wenn man die 1te, 2te, 3te oder 4te Colonne der Tafel

$$\begin{Vmatrix} a_1 & b_1 & c_1 & d_1 \\ a_2 & b_2 & c_2 & d_2 \\ a_3 & b_3 & c_3 & d_3 \end{Vmatrix}$$

der Coefficienten der homogenen Gleichungen streicht.

VI. Princip der Addition der Linien.

16. *Fünfte Eigenschaft. Man kann zu den Elementen einer Linie (Zeile oder Colonne) einer Determinante die mit einer beliebigen Zahl multiplicierten Elemente einer oder zweier parallelen Linien (Zeilen oder Colonnen) hinzufügen, ohne den Wert der Determinante zu ändern.*

Also:

$$\begin{vmatrix} a_1 + mb_1 - nc_1, & b_1, & c_1 \\ a_2 + mb_2 - nc_2, & b_2, & c_2 \\ a_3 + mb_3 - nc_3, & b_3, & c_3 \end{vmatrix} = R = \begin{vmatrix} a_1 & b_1 & c_1 \\ a_2 & b_2 & c_2 \\ a_3 & b_3 & c_3 \end{vmatrix}.$$

Beweis. Die erste Determinante ist gleich

$$(a_1 + mb_1 - nc_1) A_1 + (a_2 + mb_2 - nc_2) A_2 + (a_3 + mb_3 - nc_3) A_3.$$

Diese Summe besteht aus drei Teilen, nämlich aus

$$a_1 A_1 + a_2 A_2 + a_3 A_3,$$

welche gemäss der ersten Eigenschaft der Unterdeterminanten gleich ist R, und aus den beiden Teilen

$$m(b_1 A_1 + b_2 A_2 + b_3 A_3), - n(c_1 A_1 + c_2 A_2 + c_3 A_3).$$

welche gemäss der zweiten Eigenschaft der Unterdeterminanten gleich Null sind.

Dieser Lehrsatz ist von grosser Bedeutung in der Determinantenrechnung.

Beispiele. 1°

$$\text{XIII.} \begin{vmatrix} 13 & 17 & 4 \\ 28 & 33 & 8 \\ 40 & 54 & 13 \end{vmatrix} = \begin{vmatrix} 1 & 1 & 4 \\ 4 & 1 & 8 \\ 1 & 2 & 13 \end{vmatrix} = \begin{vmatrix} 1 & 0 & 0 \\ 4 & -3 & -8 \\ 1 & 1 & 9 \end{vmatrix} = \begin{vmatrix} -3 & -8 \\ 1 & 9 \end{vmatrix} = -19.$$

Die zweite Determinante ergiebt sich aus der ersten, indem man von jedem Elemente der ersten Colonne das Dreifache und von jedem der zweiten das Vierfache der letzten abzieht. Die dritte Determinante leitet sich aus der zweiten her, indem man die Elemente der ersten Colonne von denen der zweiten, und das Vierfache der Elemente der ersten von denen der dritten subtrahirt. Die weitere Berechnung ergiebt sich aus Nr. 6.

2° Indem man die erste Zeile von den folgenden subtrahirt und dann setzt $m = (b - a)(c - a)$, findet man

$$\text{XIV.} \begin{vmatrix} 1 & a & a^2 \\ 1 & b & b^2 \\ 1 & c & c^2 \end{vmatrix} = m \begin{vmatrix} 1 & a & a^2 \\ 0 & 1 & b^2 + ab + a^2 \\ 0 & 1 & c^2 + ac + c^2 \end{vmatrix} =$$

$$m \begin{vmatrix} 1 & b^2 + ab + a^2 \\ 1 & c^2 + ac + a^2 \end{vmatrix} = (b - a)(c - a)(c - b)(a + b + c).$$

Man kann diese Gleichung auch dadurch ableiten, dass man die mit a oder a^2 multiplicirte erste Colonne von den folgenden Colonnen abzieht.

Anmerkung. Das Additionsprincip kann dazu dienen, einer zweizeiligen Determinante die Form einer einfachern dreizeiligen zu geben. So ist (Vgl. Ueb. 10 und Beispiel XI, N° 13)

$$\text{XV.} \begin{vmatrix} x_1 - x & y_1 - y \\ x_2 - x & y_2 - y \end{vmatrix} = \begin{vmatrix} 1 & 0 & 0 \\ 1 & x_1 - x & y_1 - y \\ 1 & x_2 - x & y_2 - y \end{vmatrix} = \begin{vmatrix} 1 & x & y \\ 1 & x_1 & y_1 \\ 1 & x_2 & y_2 \end{vmatrix}.$$

Uebungsaufgaben.

16.
$$\begin{vmatrix} a_1+m+M & b_1+m+N & 1 \\ a_2+n+M & b_2+n+N & 1 \\ 1 & 1 & 0 \end{vmatrix} = \begin{vmatrix} a_1 & b_1 & 1 \\ a_2 & b_2 & 1 \\ 1 & 1 & 0 \end{vmatrix}.$$

17.
$$\begin{vmatrix} a-b & m-n & x-y \\ b-c & n-p & y-z \\ c-a & p-m & z-x \end{vmatrix} = 0; \quad \begin{vmatrix} x & a & b+c \\ x & b & c+a \\ x & c & a+b \end{vmatrix} = 0.$$

18.
$$\begin{Bmatrix} a(b-c)^3 + b(c-a)^3 + c(a-b)^3 \\ -(a+b+c)(a-b)(b-c)(c-a) \end{Bmatrix} = \begin{vmatrix} a(b-c) & b(c-a) & c(a-b) \\ a-b & b-c & c-a \\ c-a & a-b & b-c \end{vmatrix} = 0.$$

19.
$$\begin{vmatrix} a_2+a_3-a_1 & b_2+b_3-b_1 & c_2+c_3-c_1 \\ a_3+a_1-a_2 & b_3+b_1-b_2 & c_3+c_1-c_2 \\ a_1+a_2-a_3 & b_1+b_2-b_3 & c_1+c_2-c_3 \end{vmatrix} = 4 \begin{vmatrix} a_1 & b_1 & c_1 \\ a_2 & b_2 & c_2 \\ a_3 & b_3 & c_3 \end{vmatrix}.$$

20.
$$\begin{vmatrix} x_1+iy_1+jz_1 & x_1+iy_1-jz_1 & x_1-iy_1-jz_1 \\ x_2+iy_2+jz_2 & x_2+iy_2-jz_2 & x_2-iy_2-jz_2 \\ x_3+iy_3+jz_3 & x_3+iy_3-jz_3 & x_3-iy_3-jz_3 \end{vmatrix} = -4ij \begin{vmatrix} x_1 & y_1 & z_1 \\ x_2 & y_2 & z_2 \\ x_3 & y_3 & z_3 \end{vmatrix}.$$

21. Man berechne p, q, r, s und beweise, dass $q^2 = p(r+s)$, wenn

$$p = \begin{vmatrix} 1 & a & a^2 \\ 1 & b & b^2 \\ 1 & c & c^2 \end{vmatrix}, \quad q = \begin{vmatrix} 1 & a & a^3 \\ 1 & b & b^3 \\ 1 & c & c^3 \end{vmatrix}, \quad r = \begin{vmatrix} 1 & a & a^4 \\ 1 & b & b^4 \\ 1 & c & c^4 \end{vmatrix}, \quad s = \begin{vmatrix} 1 & a^2 & a^3 \\ 1 & b^2 & b^3 \\ 1 & c^2 & c^3 \end{vmatrix}.$$

KAPITEL I.

DEFINITION UND FUNDAMENTAL-EIGENSCHAFTEN DER DETERMINANTEN.

I. Ueber die Permutationen von Elementen mit einem Index.

1. *Inversionen.* Unter allen Permutationen einer bestimmten Anzahl von Elementen

$$(1, 2, 3, 4,) \quad (a_1, a_2, a_3, a_4) \quad \text{oder} \quad (a, b, c, d),$$

befindet sich eine einzige, nämlich :

$$1234, \quad a_1 a_2 a_3 a_4, \quad abcd,$$

in welcher die Elemente in natürlicher Reihenfolge stehen. In allen anderen, z. B. in

$$4231, \quad a_4 a_2 a_3 a_1 \quad dbca, \qquad (1)$$

kommen die Elemente in verstellter Ordnung vor.

Man nennt *Inversion* oder *Transmutation* (dérangement) die Combination (Reihenfolge) zweier Elemente einer Permutation, von welchen dasjenige, welches nach der natürlichen oder alphabetischen Ordnung auf das andere folgt, in dieser Permutation ihm vorangeht. Hiernach enthalten die Permutationen (1) fünf Inversionen, nämlich :

[42, 43, 41, 21, 31], $[a_4 a_2, a_4 a_3, a_4 a_1, a_2 a_1, a_3 a_1]$, [db, dc, da, ba, ca].

Uebungsaufgaben. 1. Man leite aus der Permutation 12345, in welcher die Elemente in natürlicher Reihenfolge stehen, irgend eine andere Permutation 52143 ab, durch eine Anzahl von Vertauschungen der Elemente, welche gleich der Anzahl der Inversionen in dieser Permutation ist (Auf zwei verschiedene Arten).

2. Man kann aus irgend einer Permutation durch höchstens $(n-1)$ Vertauschungen der Elemente eine Permutation von n Elementen herleiten.

3. Eine Permutation von n Elementen und die umgekehrte Permutation enthalten $\frac{1}{2} n(n-1)$ Inversionen. Die $P_n = 1.2.3...n$ Permutationen von n Elementen enthalten $\frac{1}{4} n(n-1) P_n$ Inversionen (**Fontebasso**).

4. Wenn $r_1 r_2 ... r_m k_1 k_2 ... k_{n-m}$ eine Permutation von $1, 2, 3 ... n$ ist, welche $\alpha + \beta + \gamma$ Inversionen enthält, von denen α in $r_1 r_2 ... r_m$, β in $k_1 k_2 ... k_{n-m}$ vorkommen, so ändert sich γ nicht, wenn man $r_1 r_2 ... r_m$ in die natürliche Ordnung stellt, und ist gleich $(r_1 - 1) + (r_2 - 2) + \cdots + (r_m - m)$ (Trudi**).

2. *Gerade und ungerade Permutationen.* Cramer teilte die Permutationen in zwei Classen: in gerade Permutationen, welche eine gerade Anzahl von Inversionen enthalten, wie 1234, 4321; und in ungerade Permutationen, welche eine ungerade Anzahl von Inversionen enthalten, wie 4231, 4123.

Es ist möglich die Permutationen von Elementen wie $m, 7, u_1, S$ in zwei Classen zu teilen, wenn man

$$m = a_1, \quad 7 = a_2, \quad u_1 = a_3, \quad S = a_4.$$

setzt.

Die Differenz zwischen der Anzahl der Inversionen zweier Permutationen ist gerade oder ungerade, je nachdem sie zu derselben Classe gehören oder nicht.

3. Lehrsatz von Cramer und Bézout. *Eine Permutation ändert ihre Classe, wenn man zwei Elemente (oder zwei Indices) vertauscht.*

Erster Fall. Vertauschung von zwei benachbarten Elementen a_i, a_k, wo $i < k$. Bezeichnen wir die Gruppe der vor a_i und a_k stehenden Elemente mit M, die Gruppe der dahinterstehenden mit N, so enthält die Permutation

$$M a_k a_i N,$$

eine Inversion mehr als die Permutation

$$M a_i a_k N,$$

nämlich $a_k a_i$ weil $i < k$ angenommen ist; folglich gehören diese Permutationen zu verschiedenen Classen.

Zweiter Fall. Vertauschung zweier beliebigen Elemente. Bezeichnen wir die aus m Elementen bestehende Gruppe zwischen a_i und a_k mit I, so leitet man aus

$$M a_i I a_k N \qquad (1)$$

die Permutation

$$M I a_i a_k N, \qquad (2)$$

durch m Vertauschungen benachbarter Elemente ab, indem man successive a_i weiter rückt, bis das letzte Element von I vor a_i zu stehen kommt. Aus (2) folgt

$$M I a_k a_i N, \qquad (3)$$

durch eine einzige Vertauschung zweier benachbarter Elemente, nämlich a_i und a_k. Wenn man endlich in (3) a_k vor die m Elemente der Gruppe I setzt, so erhält man

$$M a_k I a_i N, \qquad (4)$$

mittelst m Vertauschungen benachbarter Elemente. Man gelangt also durch $(2m+1)$ Vertauschungen benachbarter Elemente von der Permutation (1) zur Permutation (4), welche sich nur durch die Vertauschung der Elemente a_i und a_k von (1) unterscheidet, was mit $(2m+1)$ oder mit einer einzigen Classenvertauschung gleichbedeutend ist. Damit ist der Lehrsatz bewiesen. Man bemerke, dass der Unterschied zwischen der Anzahl der Inversionen in den Permutationen (1) und (4) ungerade ist (N^r 2).

Man kann auch den Lehrsatz von Cramer und Bézout für den zweiten Fall direct beweisen (Baltzer, Determinanten, § 1, N^{rn} 2 und 4).

Beispiel. Die mit I und II bezeichneten Permutationen des folgenden Schemas gehören zu verschiedenen Classen:

I	1234,	$abcd$	$m7u_1S$
II	4231,	$abdc$	$m7Su_1$
I	4321,	$adbc$	$mS7u_1$
II	4123,	$dabc$	$Sm7u_1$

Uebungsaufgaben. 5. 1° Zwei Permutationen von n Elementen, in welchen $(n-2)$ Elemente dieselbe Stelle einnehmen und sich nur unterscheiden durch Vertauschung der zwei andern, sind von verschiedenen Classen. 2° Streicht man die zwei letzten Elemente der X_n verschiedenen geraden Permutationen von n Elementen, so werden die X_n übrigbliebenden Combinationen von $(n-2)$ Buchstaben oder Ziffern von einander verschieden sein. 3° Von den X_n verschiedenen geraden Permutationen kann man durch die Vertauschung der zwei letzten Elemente X_n verschiedene ungeraden Permutationen ableiten; und umgekehrt. 4° Die Zahl X_n der Permutationen ist also für jede der beiden Classen dieselbe.

** 6. Streicht man ein Element einer Permutation, so wird die neue Permutation von derselben oder der andern Klasse sein als die erste Permutation je nachdem die Summe der Ziffern des Index dieses Elements und seines Ranges in der ersten Permutation gerade oder ungerade war.

4. *Cyclische Vertauschungen.* « Das Ergebniss der Vertauschung der Elemente einer Permutation wird *cyclisch* genannt, wenn jedes Element durch das folgende, das letzte Element durch das erste ersetzt wird » (**Baltzer**). Demnach ist 43125 eine cyclische Permutation von 54312.

Um eine cyclische Vertauschung von n Elementen zu bewerkstelligen, genügt es, das erste Element auf die $(n-1)$ anderen folgen zu lassen d. h. $(n-1)$ Vertauschungen benachbarter Elemente auszuführen. Die ursprüngliche Permutation, und diejenige, welche man durch eine cyclische Vertauschung daraus ableitet, gehören also zu derselben oder zu verschiedenen Classen, je nachdem $(n-1)$ gerade oder ungerade ist.

Demnach gehören 54312 und 43125 zu derselben Classe, denn $n - 1 = 4$.

*Aus einer gegebenen Permutation von n Elementen (725438169) kann man irgend eine andere (293874156) herleiten, indem man cyclische Vertauschungen an p Gruppen (Cyclen) von benachbarten oder nicht benachbarten Elementen (726953,48,1) vornimmt. Die ursprüngliche und die daraus abgeleitete Permutation gehören zu derselben oder zu verschiedenen Classen, je nachdem $(n - p)$ gerade oder ungerade ist (Baltzer, § 1, 5). Denn es seien $n_1, n_2, n_3, \ldots, n_p$ die Zahlen der Elemente eines jeden der p Cyclen, so dass $n = n_1 + n_2 + \cdots n_p$. Die zweite Permutation wird von der ersten abgeleitet durch $(n_1 - 1) + (n_2 - 1) + (n_3 - 1) + \cdots + (n_p - 1) = n - p$ Vertauschungen von je zwei Elementen, ob es benachbarte seien oder nicht.

Uebungsaufgaben. *7. Zwei Permutationen sind von derselben Classe oder nicht, je nachdem die Zahl der Cyclen, durch welche man sie von einer andern Permutation abgeleitet hat gerade oder ungerade ist.

*8. Die cyclische Vertauschung von $a_1 a_2 \ldots a_n$, welche mit a_{p+1} anfängt, enthält $p(n - p)$ Inversionen. Die Gesamtzahl der in den n cyclischen Vertauschungen von $a_1 a_2 \ldots a_n$ enthaltenen Inversionen beträgt $\frac{1}{6}(n - 1) n (n + 1)$. (Fontebasso).

II. Ueber die Permutationen von Elementen mit zwei Indices.

5. *Permutationen von n^2 Elementen, oder Permutationen von Elementen mit zwei Indices.* So nennt man alle die verschiedenen Producte, welche dadurch gebildet werden können, dass man ein Element in jeder Zeile und in jeder Colonne der n^2 in Quadratform geordneten Elemente der folgenden Tafel nimmt:

$$
\begin{array}{llll}
a_{11} & a_{12} & \ldots & a_{1n} \\
a_{21} & a_{22} & \ldots & a_{2n} \\
\cdot & \cdot & & \cdot \\
a_{n1} & a_{n2} & \ldots & a_{nn}
\end{array}
\qquad
\begin{array}{lll}
a_1 & b_1 & c_1 \ldots \\
a_2 & b_2 & c_2 \ldots \\
a_3 & b_3 & c_3 \ldots \\
\cdot & \cdot & \cdot
\end{array}
\qquad
\begin{array}{lll}
a & b & c \ldots \\
h & k & l \ldots \\
p & q & r \ldots \\
\cdot & \cdot & \cdot
\end{array}
$$

Die *Grundpermutation* ist das Product

$$a_{11} a_{22} \ldots a_{nn}, \quad a_1 b_2 c_3 \ldots, \quad a k r \ldots$$

der auf derjenigen Diagonale des Quadrats stehenden Elemente, welche das erste Element mit dem letzten verbindet.

In der ersten Tafel ist jede Zeile durch einen der ersten Indices $1, 2, \ldots n$ charakterisiert, jede Colonne durch einen der zweiten. In der zweiten Tafel stehen Buchstaben anstatt der zweiten Indices. Man kann die Permutationen der durch Buchstaben unterschiedenen Elemente, wie in der dritten Tafel, nur dadurch bilden, dass man in Gedanken anstatt derselben analoge Elemente der ersten oder zweiten Tafel setzt.

6. Lehrsatz. *Die Permutationen von n^2 Elementen bleiben dieselben, wenn man zwei Zeilen oder zwei Colonnen untereinander vertauscht, oder wenn man die Colonnen an die Stelle der Zeilen, und die Zeilen an die Stelle der Colonnen treten lässt.* Gebrauchen wir sowohl für die Zeilen als für die Colonnen den Namen *Reihen*. Die Elemente, welche sich auf einer Reihe der ursprünglichen Tafel befinden, stehen auch auf einer gleichen Reihe der neuen Tafel, welche durch Vertauschung der Zeilen und der Colonnen erhalten wurde etc., die Elemente, welche nicht auf derselben Reihe der ursprünglichen Tafel stehen, befinden sich ebensowenig auf derselben Reihe der neuen Tafel. Alle Permutationen, welche man dadurch erhält, dass man einen Factor aus jeder Zeile und jeder Colonne der ursprünglichen Tafel nimmt, erhält man auch dadurch, dass man diese Factoren in der zweiten Tafel nimmt, denn der vorigen Bemerkung zufolge stehen zwei derselben nicht auf der gleichen Reihe.

7. *Bildung der Permutationen von n^2 Elementen mit zwei Indices. Erste Methode.* Denkt man sich alle Permutationen der n^2 Elemente in der Tafel 1 (Nr 5) angeschrieben, so ist jede derselben das Product von n Factoren und jeder derselben enthält eine der Zahlen $1, 2, 3 \ldots n$ als ersten Index, weil man einen Factor aus jeder Zeile genommen hat, und er enthält auch eine der Zahlen $1, 2, 3 \ldots n$ als zweiten Index, weil man einen Factor aus jeder Colonne genommen hat. Ordnen wir die n Factoren jeder Permutation so, dass die ersten Indices in natürlicher Reihenfolge stehen, so werden die zweiten Indices in der Grundpermutation $a_{11} a_{21} \ldots a_{nn}$ ebenfalls in natürlicher Reihenfolge stehen, in den anderen Permutationen aber in verschiedener Reihenfolge. Zur Bildung aller Permutationen reicht es also hin, in der Grundpermutation alle zweiten Indices zu permutieren und die ersten in natürlicher Ordnung stehen zu lassen. Auf diese Weise nimmt man nämlich zur Bildung der verschiedenen Permutationen oder Producte einen Factor aus jeder Zeile und aus jeder Colonne, und zwar auf alle möglichen Arten. Bei neun Elementen erhält man mittelst dieser Regel folgende sechs Permutationen:

$$p_1 = a_{11} a_{22} a_{33}, \quad p_2 = a_{11} a_{23} a_{32}, \quad p_3 = a_{13} a_{21} a_{32},$$
$$p_4 = a_{12} a_{21} a_{33}, \quad p_5 = a_{12} a_{23} a_{31}, \quad p_6 = a_{13} a_{22} a_{31};$$

oder, wenn man die zweiten Indices duch Buchstaben ersetzt:

$$p_1 = a_1 b_2 c_3, \quad p_2 = a_1 c_2 b_3, \quad p_3 = c_1 a_2 b_3,$$
$$p_4 = b_1 a_2 c_3, \quad p_5 = b_1 c_2 a_3, \quad p_6 = c_1 b_2 a_3.$$

Zweite Methode. Man kann alle Permutationen von n^2 Elementen auch dadurch finden, dass man die ersten Indices der Grundpermutation auf alle möglichen Arten permutiert und die zweiten unverändert stehen lässt. So geben neun Elemente die sechs Permutationen:

$$p_1 = a_1 b_2 c_3, \quad p_2 = a_1 b_3 c_2, \quad p_3 = a_3 b_1 c_2,$$
$$p_4 = a_2 b_1 c_3, \quad p_5 = a_2 b_3 c_1, \quad p_6 = a_3 b_2 c_1.$$

Anmerkung. Folgende Regel ist leicht abzuleiten: Zur Bildung aller Permutationen permutiere man in irgend einer Permutation n von den ersten oder zweiten Indices $1, 2, 3 \ldots n$ der n Factoren auf alle mögliche Arten und lasse die anderen unverändert stehen.

Uebungsaufgabe 9. Man bilde die Permutationen der sechzehn Elemente $a_1, b_1, c_1 \ldots d_4$.

8. Verallgemeinerter Lehrsatz von Cramer und Bézout. *Gerade und ungerade Permutationen.* Betrachten wir die Permutationen:

$$A = M a_{ir} I a_{ks} N, \quad B = M a_{is} I a_{kr} N, \quad C = M a_{ks} I a_{ir} N,$$

so sehen wir, dass die Differenz der Anzahl der Inversionen der zweiten Indices in den Formen A und B ungerade ist, wegen der Vertauschung der zweiten Indices r und s (N^r 3); wegen der Vertauschung der ersten Indices i und k ist die Differenz zwischen der Anzahl der Inversionen der ersten Indices in den Formen B und C ungerade; folglich ist die Differenz zwischen der Gesamtzahl der Inversionen der Permutationen A und C gerade.

Wir nennen *gerade Permutationen* diejenigen, welche eine gerade Anzahl von Inversionen der ersten oder zweiten Indices enthalten; *ungerade Permutationen* diejenigen, welche eine ungerade Anzahl von Inversionen enthalten. Der Lehrsatz kann folglich so ausgesprochen werden: *Eine Permutation ändert ihre Classe nicht, wenn man in derselben zwei Factoren vertauscht*(*). Es ist auch offenbar, dass eine

---

(*) Ein analoger Satz gilt für die Permutationen von Elementen mit einer beliebigen geraden Anzahl von Indices. Ein dem Lehrsatz der N^r 3 analoger Satz besteht für die Permutationen von Elementen mit einer ungeraden Anzahl von Indices. Der von uns hier eingeschlagene Weg führt naturgemäss zu einer Theorie der Determinanten mit drei oder mit einer beliebigen Anzahl von Indices, wie solche von **De Gasparis**, **Padova**, **Armenante**, **Garbieri**, **Zehfuss**, **Scott**, **Lloyd Tanner**, und auf eine andere Weise, von **Grassmann**, **Cayley**, **Dahlander** aufgestellt worden sind.

Permutation ihren Wert nicht ändert, wenn man die Reihenfolge der Factoren vertauscht.

Zusatz. Aus dem Lehrsatze von Cramer und Bézout folgt, dass die Unterscheidung der zwei Classen von Permutationen absolut und durchaus unabhängig ist von jeder Manier, die man wählen möge zur Bezeichnung der Elemente. Die Permutationen sind gerade oder ungerade, je nachdem sie sich durch eine gerade oder ungerade Zahl von Indices- oder Buchstabenvertauschungen von der Grundpermutation herleiten lassen.

Beispiel. Die gleichwertigen Permutationen :

$$a_{13}\,a_{21}\,a_{32} = a_{21}\,a_{32}\,a_{13} = a_{32}\,a_{13}\,a_{21}$$

enthalten beziehungsweise 2, 2, 4 Inversionen, nämlich

$$(31, 32), \quad (21, 31), \quad (31, 32 \,;\, 21, 31).$$

Die folgenden Permutationen enthalten deren 1, 3, 5 :

$$a_{12}\,a_{21}\,a_{33} = a_{21}\,a_{33}\,a_{12} = a_{33}\,a_{21}\,a_{12}$$

Uebungsaufgaben. 10. Man bestimme die Anzahl der Inversionen in folgenden Permutationen :

$$b_1 a_3 d_2 c_4 = c_4 a_3 b_1 d_2 = c_4 d_2 a_3 b_1, \quad b_1 d_3 a_4 c_2 = b_1 a_4 c_2 d_3 = d_3 c_2 a_4 b_1 ?$$

11. Die Producte der Elemente der Diagonalen eines Quadrats von n^2 Elementen gehören zu verschiedenen Classen, ausser wenn $(n-1)$ oder n durch 4 teilbar ist (Man sehe N^r 11, Ueb 19).

12. Man gebe eine directe Herleitung des Lehrsatzes von Cramer und Bézout für Elemente mit zwei Indices.

13. Wenn $a_{r_1 s_1} a_{r_2 s_2} \cdots a_{r_m s_m} a_{k_1 l_1} a_{k_2 l_2} \cdots a_{k_{n-m} l_{n-m}}$ $(\alpha + \beta + \gamma)$ Inversionen enthält, von welchen α in $a_{r_1 s_1} a_{r_2 s_2} \cdots a_{r_m s_m}$, und β in $a_{k_1 l_1} a_{k_2 l_2} \cdots a_{k_{n-m} l_{n-m}}$ vorkommen, so ist $\gamma = (r_1 + r_2 + \cdots + r_m) + (s_1 + s_2 + \cdots + s_m) - m(m-1)$, und γ ist mit $(r_1 + r_2 + \cdots + r_m) + (s_1 + s_2 + \cdots + s_m)$ gerade oder ungerade (Trudi**; man sehe N^r 1, Uebungsaufgabe 4).

III. Definition der Determinanten.

9. *Definition und Anmerkung.* Die Determinante von n^2 Elementen (s. N^r 5) ist die algebraische Summe der Permutationen dieser Elemente. Dem *Anfangsglied* T, welches aus den Elementen der von links oben nach rechts unten gehenden Diagonale des Quadrats gebildet wird, giebt man das Zeichen $+$, ebenso allen Permutationen derselben Classe ; das Zeichen $-$ erhalten die Permutationen der entgegengesetzten Classe.

Nach **Cauchy** stellt man die Determinante durch die Tafel der Elemente zwischen zwei senkrechten Strichen dar :

$$\begin{vmatrix} a_{11} & a_{12} & \cdots & a_{1n} \\ a_{21} & a_{22} & \cdots & a_{2n} \\ \cdot & \cdot & \cdot & \cdot \\ a_{n1} & a_{n2} & \cdots & a_{nn} \end{vmatrix} \cdot \begin{vmatrix} a_1 & b_1 & c_1 \\ a_2 & b_2 & c_2 \\ a_3 & b_3 & c_3 \end{vmatrix}, \begin{vmatrix} a & b & c \\ h & k & l \\ p & q & r \end{vmatrix};$$

oder durch die folgenden Bezeichnungen, wenn sie hinreichend klar sind :

$$\Sigma \pm a_{11} a_{22} \cdots a_{nn} = a_{11} a_{22} \cdots a_{nn}) = \frac{|\ 1\ |\ 2\ |\ \cdots\ |\ n\ |}{|\ 1\ |\ 2\ |\ \cdots\ |\ n\ |} = |\ a_{ik}\ |$$

$$\Sigma \pm a_1 b_2 c_3 = (a_1 b_2 c_3) = |\ abc\ |,\ \Sigma \pm akr = (akr).$$

Auf die Bezeichnung $|\ abc\ |$, welche ebenfalls von **Cauchy** herrührt, werden wir später (n° 21) zurückkommen.

Zur Bildung der Determinante leitet man alle Glieder aus dem Anfangsglied ab dadurch, dass man in demselben entweder die ersten oder die zweiten Indices vertauscht, die anderen unverändert stehen lässt (6), und alsdann jedem Glied das zugehörige Zeichen gibt. Z. B.

$$\Sigma \pm a_{11}a_{22}a_{33} = \left\{ \begin{array}{l} + a_{11}a_{22}a_{33} - a_{11}a_{23}a_{32} + a_{13}a_{21}a_{32} \\ - a_{12}a_{21}a_{33} + a_{12}a_{23}a_{31} - a_{13}a_{22}a_{31} \end{array} \right\}.$$

$$\Sigma \pm a_1 b_2 c_3 d_4 =$$

$a_1b_2c_3d_4 - a_1b_3c_2d_4 + a_3b_1c_2d_4 - a_2b_1c_3d_4 + a_2b_3c_1d_4 - a_3b_2c_1d_4$
$- a_1b_2c_4d_3 + a_1b_3c_4d_2 - a_3b_1c_4d_2 + a_2b_1c_4d_3 - a_2b_3c_4d_1 + a_3b_2c_4d_1$
$+ a_1b_4c_2d_3 - a_1b_4c_3d_2 + a_3b_4c_1d_2 - a_2b_4c_1d_3 + a_2b_4c_3d_1 - a_3b_4c_2d_1$
$- a_4b_1c_2d_3 + a_4b_1c_3d_2 - a_4b_3c_1d_2 + a_4b_2c_1d_3 - a_4b_2c_3d_1 + a_4b_3c_2d_1$.

Anmerkung. Siehe *Einleitung* N^r 5, eine specielle Regel von **Sarrus**, um eine Determinante von neun Elementen zu bilden.

Uebungsaufgaben. 14. Man beweise, dass

$$\begin{vmatrix} x & 0 & 0 & 0 & y \\ y & x & 0 & 0 & 0 \\ 0 & y & x & 0 & 0 \\ 0 & 0 & y & x & 0 \\ 0 & 0 & 0 & y & x \end{vmatrix} = x^5 + y^5,\quad \begin{vmatrix} a & 0 & b & 0 & x \\ c & 0 & d & x & e \\ f & 0 & x & 0 & 0 \\ g & x & h & i & j \\ x & 0 & 0 & 0 & 0 \end{vmatrix} = x^5.$$

ohne diese Determinanten zu entwickeln.

*15. Eine Determinante ändert sich nicht, 1° wenn man in derselben das Zeichen aller Elemente, in welchen die Summe der Indices ungerade ist, vertauscht (**Janni**) (man kann diese Elemente ungerade Elemente, die anderen gerade Elemente nennen); 2° wenn man a_{ik} durch $a_{ik}\, p^{i-k}$ ersetzt (*p* ist beliebig).

IV. Fundamental-Eigenschaften.

10. Erste Eigenschaft. *Um eine Determinante mit m zu multiplicieren (oder zu dividieren), multiplicire (oder dividire) man die Elemente einer Zeile oder einer Colonne mit m.* Siehe *Einleitung*, N^r 7, den Beweis und die Zusätze.

Beispiel. Man hat successive (Vgl. Uebungsaufgabe 48)

$$\begin{vmatrix} 0 & x & y & z \\ x & 0 & z & y \\ y & z & 0 & x \\ z & y & x & 0 \end{vmatrix} = x^2 y^2 z^2 \begin{vmatrix} 0 & 1 & 1 & 1 \\ 1 & 0 & \frac{z}{xy} & \frac{y}{zx} \\ 1 & \frac{z}{xy} & 0 & \frac{x}{yz} \\ 1 & \frac{y}{zx} & \frac{x}{yz} & 0 \end{vmatrix} =$$

$$\begin{vmatrix} 0 & 1 & 1 & 1 \\ xyz & 0 & z^2 & y^2 \\ xyz & z^2 & 0 & x^2 \\ xyz & y^2 & x^2 & 0 \end{vmatrix} = \begin{vmatrix} 0 & 1 & 1 & 1 \\ 1 & 0 & z^2 & y^2 \\ 1 & z^2 & 0 & x^2 \\ 1 & y^2 & x^2 & 0 \end{vmatrix}.$$

Ersetzt man in der ersten Determinante x, y, z durch ax, by, cz, so wird die erste Zeile und die erste Colonne der letzten 0, a^2, b^2, c^2.

Uebungsaufg. 16. Man leite den Satz von **Janni** (s. 9, Uebungsaufg. 15) ab dadurch, dass man gewisse Zeilen und gewisse Colonnen der Determinanten mit (—1) multiplicirt.

*17. Man beweise, dass

$$Q_4 = \begin{vmatrix} a_1 & -1 & 0 & 0 \\ b_1 & a_2 & -1 & 0 \\ 0 & b_2 & a_3 & -1 \\ 0 & 0 & b_3 & a_4 \end{vmatrix} = \begin{vmatrix} a_1 & -b_1'' & 0 & 0 \\ b_1' & a_2 & -b_2'' & 0 \\ 0 & b_2' & a_3 & -b_3'' \\ 0 & 0 & b_3' & a_3 \end{vmatrix}$$

wenn $b_1' b_1'' = b_1$, $b_2' b_2'' = b_2$, $b_3' b_3'' = b_3$. Ein ähnlicher Satz gilt für die Determinante Q_n, welche analog aus n^2 Elementen zusammengesetzt ist.

*18. Wenn sich in den m ersten Elementen von $(n-m+p)$ Colonnen oder Zeilen einer Determinante von n^2 Elementen ein Factor k befindet, so ist diese durch k^p teilbar (**Muir**).

11. Lemma. Vertauscht man in einer Determinante R die Zeilen unter sich, sowie die Colonnen unter sich, und macht man dann noch, wenn man will, die Zeilen zu Colonnen und die Colonnen zu Zeilen, so wird man dadurch *eine Determinante* R' *erhalten, welche gleich* $+$ R *oder gleich* — R *ist, je nachdem die Anfangsglieder* T *und* T' *von* R *und* R' *zu derselben Classe gehören oder nicht.* 1° Denn erstens enthalten die beiden Determinanten dieselben Permutationen (N^r 6), und zweitens haben, wenn T und T' zu derselben Classe gehören, in beiden Determinanten die Permutationen derselben Classe das Zeichen $+$, da man sie von T oder T' durch eine gerade Zahl von Vertauschungen der Indices herleiten kann (N^r 8. Zusatz); 2° die andern das Zeichen $-$, weil man sie von T oder T' durch eine ungerade Zahl von Vertauschungen herleiten kann (ebendaselbst). Aus analogen Gründen haben, wenn T und T' zu verschiedenen Classen gehören, in R diejenigen Permutationen, welche von derselben Classe wie T sind, das Zeichen $+$, in R' dagegen das Zeichen $-$; die Permutationen der von T verschiedenen Classe (welche zu derselben Classe wie T' gehören) haben in R das Zeichen $-$, dagegen in R' das Zeichen $+$; also ist R $= -$ R'. Zum Beispiel

$$\Sigma \pm a_{11}a_{22}a_{33} = \Sigma \pm a_{33}a_{22}a_{11} = - \Sigma \pm a_{13}a_{22}a_{31}.$$

Uebungsaufgabe 19. Man beweise, dass allgemein:
$\Sigma \pm a_{11}a_{22} \ldots a_{nn} = \Sigma \pm a_{nn} \ldots a_{12}a_{11} = (-1)^r \Sigma \pm a_{1n}a_{2,n-1} \ldots a_{n1}; 2r = (n-1)n.$

12. Zweite Eigenschaft. *Eine Determinante ändert sich nicht, wenn man in derselben die Colonnen zu Zeilen und die Zeilen zu Colonnen macht.* Z. B.

$$\begin{vmatrix} a_{11} & a_{12} & a_{13} \\ a_{21} & a_{22} & a_{23} \\ a_{31} & a_{32} & a_{33} \end{vmatrix} = \begin{vmatrix} a_{11} & a_{21} & a_{31} \\ a_{12} & a_{22} & a_{32} \\ a_{13} & a_{23} & a_{33} \end{vmatrix};$$

denn die Permutationen in beiden Determinanten sind dieselben (N^r 6) und die Anfangsglieder sind identisch.

Uebungsaufgaben. 20. Eine Determinante, in welcher $a_{ik} = - a_{ki}$ ist, wird eine *schiefe* genannt, wenn a_{ii} nicht gleich 0 ist; eine Determinante, in welcher $a_{ik} = - a_{ki}, a_{ii} = 0$ ist, wird eine *symmetrisch schiefe* oder *hemisymmetrische* genannt. Man beweise, dass eine Determinante der letzteren Art von n^2 Elementen sich nicht ändert, wenn man sie mit $(-1)^n$ multipliciert, selbst wenn n eine ungerade Zahl ist; sie ist folglich null, wenn n ungerade ist.

*21. Wenn $a_{ik} = p_{ik} + q_{ik}\sqrt{(-1)}$, $a_{ki} = p_{ik} - q_{ik}\sqrt{(-1)}$, $a_{ii} = p_{ii}$, die p und q reell sind, so ist die Determinante $\Sigma \pm a_{11}a_{22} \ldots a_{nn}$ reell, denn R bleibt unverändert, wenn sich das Vorzeichen von $\sqrt{(-1)}$ verändert (**Hermite**).

13. Dritte Eigenschaft. *Eine Determinante ändert ihr Zeichen, wenn man zwei Zeilen (oder zwei Colonnen) unter einander vertauscht.* Denn wenn man die i^{te} Colonne an die Stelle der k^{ten} setzt, so geht in der Tafel der Elemente

$$\begin{matrix} a_{ii} & \ldots & a_{ik} \\ \cdot & \cdot & \cdot \\ a_{ki} & \ldots & a_{kk} \end{matrix}$$

über in

$$\begin{matrix} a_{ik} & \ldots & a_{ii} \\ \cdot & \cdot & \cdot \\ a_{kk} & \ldots & a_{ki} \end{matrix};$$

es haben die Anfangsglieder der beiden correspondirenden Determinanten R und R' die Formen $Ma_{ii}Ia_{kk}N$, $Ma_{ik}Ia_{ki}N$ und gehören folglich wegen der Vertauschung der zweiten Indices zu verschiedenen Classen; also ist $R = -R'$.

Zusatz. Wenn man die erste Zeile oder die erste Colonne hinter alle andern setzt, das heisst, wenn man eine cyclische Vertauschung der Zeilen oder der Colonnen ausführt, so ist dieses gleichbedeutend mit $(n-1)$ Vertauschungen der Zeilen oder der Colonnen, d. i. gleichbedeutend mit einer Multiplication der Determinante mit $(-1)^{n-1}$; z. B. $(a_1 b_2 c_3 d_4) = (-1)^3 \times (b_1 c_2 d_3 a_4)$.

14. Vierte Eigenschaft. *Wenn die Elemente zweier parallelen Zeilen oder Colonnen einer Determinante R gleich sind, so ist die Determinante null.* Siehe *Einleitung*, n° 10.

Zusatz. *Eine Determinante ist null, wenn die Elemente einer Zeile oder Colonne gleich sind den mit einem Factor multiplicierten Elementen einer parallelen Zeile oder Colonne.* Siehe *Einleitung*, n° 10.

Anwendungen. I. Es ist

$$P = \begin{vmatrix} 1 & 1 & 1 & 1 \\ a & b & c & d \\ a^2 & b^2 & c^2 & d^2 \\ a^3 & b^3 & c^3 & d^3 \end{vmatrix} = (b-a)(c-a)(d-a)(c-b)(d-b)(d-c).$$

Beweis: 1° P ist ein Polynom, dessen Glieder aus Producten der algebraischen Zahlen a, b, c, d bestehen, und alle vom $0+1+2+3 = 6^{\text{ten}}$ Grade sind, da jedes aus einem Elemente der ersten, einem der zweiten, einem der dritten, und einem der vierten Zeile zusammengesetzt sind. 2° Ist $d = a$, so wird $P = 0$, weil P dann zwei gleiche Colonnen hat; mithin ist P teilbar durch $(d-a)$ und $P = (d-a)P_1$, wo P_1 ein

Polynom des 5ten Grades ist. 3° P oder $(d-a)$ P_1 wird ebenfalls null, wenn $d=b$; mithin ist $P_1=(d-b)P_2$, wo P_2 ein Polynom des 4ten Grades ist, und wir haben $P=(d-a)(d-b)P_2$. 4° Aehnlicher Weise lässt sich beweisen, dass $P_2=(d-c)P_3$. $P_3=(c-b)P_4$, $P_4=(c-a)P_5$, $P_5=(b-a)P_6$, wo P_3, P_4, P_5. P_6 Polynome respective der Graden 3, 2, 1, 0 sind, weil $P=0$ wird, wenn $d=c$, wenn $c=b$. wenn $c=a$, und wenn $b=a$. Es ist also $P=(b-a)\times(c-a)(c-b)\times(d-a)(d-b)(d-c)P_6$. 5° Werden die Glieder der Determinante P und des Productes $(b-a)\ldots(d-c)$ geordnet nach d, c, b, so ergiebt sich als erstes Glied beider d^3c^2b; folglich ist P_6, der Quotient von P und dieses Productes, gleich 1.

II. Die Determinante

$$\begin{vmatrix} 1 & 1 & 1 & 1 \\ 1 & 1+x & 1 & 1 \\ 1 & 1 & 1+y & 1 \\ 1 & 1 & 1 & 1+z \end{vmatrix} = xyz;$$

denn sie enthält das Glied xyz und wird null für $x=0$, $y=0$, $z=0$.

Uebungsaufgaben. 22. Wenn (x_1, y_1), (x_2, y_2), (x_3, y_3) die rechtwinkligen Coordinaten dreier Puncte A, B, C sind, so stellen die Gleichungen:

$$\begin{vmatrix} 1 & x & y \\ 1 & x_1 & y_1 \\ 1 & x_2 & y_2 \end{vmatrix} = 0, \quad \begin{vmatrix} 0 & x-x_3 & y-y_3 \\ 1 & x_1 & y_1 \\ 1 & x_2 & y_2 \end{vmatrix} = 0, \quad \begin{vmatrix} 1 & x & y & x^2+y^2 \\ 1 & x_1 & y_1 & x_1^2+y_1^2 \\ 1 & x_2 & y_2 & x_2^2+y_2^2 \\ 1 & x_3 & y_3 & x_3^2+y_3^2 \end{vmatrix} = 0$$

beziehungsweise die Gerade AB, eine durch C gehende Parallele zu AB und den durch die drei Puncte A, B, C gehenden Kreis dar.

*23. Man beweise die Gleichung:

$$r = \begin{vmatrix} 1+a & 1 & 1 & 1 \\ 1 & 1+b & 1 & 1 \\ 1 & 1 & 1+c & 1 \\ 1 & 1 & 1 & 1+d \end{vmatrix} = abcd\left(1+\frac{1}{a}+\frac{1}{b}+\frac{1}{c}+\frac{1}{d}\right).$$

Man ziehe $abcd$ von der Determinante ab und setze alsdann nach einander $a=0$, $b=0$, $c=0$, $d=0$.

Hieraus, und mit Hilfe der Eigenschaft 1 leite man folgende allgemeinere Gleichung her:

$$R = \begin{vmatrix} a & x_2 & x_3 & \ldots \\ x_1 & b & x_3 & \ldots \\ x_1 & x_2 & c & \ldots \\ \ldots & \ldots & \ldots & \ldots \end{vmatrix} = X\left(1+\frac{x_1}{a-x_1}+\frac{x_2}{b-x_2}+\frac{x_3}{c-x_3}+\cdots\right),$$

wo $X=(a-x_1)(b-x_2)(c-x_3)\ldots$ (Salmon).

Besondere Fälle: 1° $a = x_1 - m$, $b = x_2 - m$, $c = x_3 - m$, etc. Fall, wo $m = (x_1 + x_2 + x_3 + \cdots) - z$ (**E. Lucas**). 2° $x_1 = y_1^2$, $x_2 = y_2^2$, $x_3 = y_3^2$, etc. $a = (S - y_1)^2$, $b = (S - y_2)^2$, $c = (S - y_3)^2$, etc., wo $S = y_1 + y_2 + y_3 + \cdots$ (**Wolstenholme**). 3° Wenn $x_1 = x_2 = x_3 = \cdots = x$, etc. ist, so findet man: $X = R + xX'$, wenn

$$X' = -\left(\frac{X}{a-x} + \frac{X}{b-x} + \frac{X}{c-x} + \cdots\right).$$

Setzt man $X_i = (a' - x)(b' - x)(c' - x) \cdots$, so kann man wieder X' mit Hilfe einer Formel schreiben, die zu $X = R + xX'$, analog ist, und so fort. Die Formel $X = R + xX'$ führt zu zwei bemerkenswerten Resultaten, wenn man setzt: α) $x = a', b', c',$ etc.; β) $x = 1$, $a = b = c = \cdots = 0$ (**Garbieri**). 4° $a = (\alpha + \beta + \gamma + \cdots) + n\alpha$, $x_1 = n\alpha$; $b = (\alpha + \beta + \gamma + \cdots) + n\beta$, $x_2 = n\beta$; u. s. w. Man findet $R = (n+1)(\alpha + \beta + \gamma + \cdots)^p$, wenn p der Grad der Determinante ist.

Man findet ferner folgende Relation, die sich leicht verallgemeinern lässt:

$$\begin{vmatrix} \alpha^2+1 & \alpha\beta & \alpha\gamma & \alpha\delta \\ \alpha\beta & \beta^2+1 & \beta\gamma & \beta\delta \\ \alpha\gamma & \beta\gamma & \gamma^2+1 & \gamma\delta \\ \alpha\delta & \beta\delta & \gamma\delta & \delta^2+1 \end{vmatrix} = \alpha\beta\gamma\delta \begin{vmatrix} \alpha+\alpha' & \alpha & \alpha & \alpha \\ \beta & \beta+\beta' & \beta & \beta \\ \gamma & \gamma & \gamma+\gamma' & \gamma \\ \delta & \delta & \delta & \delta+\delta' \end{vmatrix}$$

$$= 1 + \alpha^2 + \beta^2 + \gamma^2 + \delta^2.$$

vorausgesetzt, dass $\alpha\alpha' = \beta\beta' = \gamma\gamma' = \delta\delta' = 1$.

KAPITEL II.

DIE BERECHNUNG DER DETERMINANTEN.

I. Eigenschaften der Unterdeterminanten.

15. *Die Unterdeterminanten.* Der Coefficient eines Elementes a_{ik} einer Determinante $R = \Sigma \pm a_{11} a_{22} \ldots a_{nn}$ wird die zu a_{ik} gehörige Unterdeterminante dieser Determinante genannt; er wird gewöhnlich mit A_{ik} bezeichnet, also wie das Element a_{ik} selbst, nur dass der grosse Buchstabe A anstatt des kleinen a steht. Die Unterdeterminanten α_{jl} von A_{ik}, diejenigen von α_{jl} und so fort, werden ebenfalls Unterdeterminanten von R genannt. A_{ik} ist eine erste Unterdeterminante der $(n-1)^{\text{ten}}$ Ordnung, α_{jl} eine zweite Unterdeterminante von der $(n-2)^{\text{ten}}$ Ordnung, etc.

1. Bildung von A_{11}. Man findet alle Glieder von R, welche a_{11} enthalten, indem man im Anfangsglied $a_{11} a_{22} \ldots a_{nn}$ die ersten oder die zweiten Indices auf alle möglichen Arten permutiert, dabei immer a_{11} unverän-

dert lässt und jeder der so gefundenen Permutationen das zugehörige Vorzeichen giebt. Man findet diese Permutationen durch Berechnung von

$$a_{11} \begin{vmatrix} a_{22} & \cdots & a_{2n} \\ \vdots & & \vdots \\ a_{n2} & \cdots & a_{nn} \end{vmatrix};$$

also ist

$$A_{11} = \begin{vmatrix} a_{22} & \cdots & a_{2n} \\ \vdots & & \vdots \\ a_{n2} & \cdots & a_{nn} \end{vmatrix}.$$

Sonach ist *der Coefficient des ersten Gliedes einer Determinante* R *von* n^2 *Elementen die Determinante von* $(n-1)^2$ *Elementen, welche dadurch erhalten wird, dass man in* R *die erste Zeile und die erste Colonne unterdrückt.*

2. **Bildung von** A_{ik}. *Erste Methode.* Geben wir dem Element a_{ik} die erste Stelle in R dadurch, dass wir mittelst $(i-1)$ Vertauschungen von je zwei und zwei Zeilen die i^{te} Zeile zur ersten machen, und mittelst $(k-1)$ Vertauschungen der Colonnen die k^{te} Colonne ebenfalls zur ersten, so haben wir nach der vorausgegangenen Regel:

$$A_{ik} = (-)^{i+k} \begin{vmatrix} a_{11} & \cdots & a_{1,k-1} & a_{1,k+1} & \cdots & a_{1n} \\ \vdots & & \vdots & \vdots & & \vdots \\ a_{i-1,1} & \cdots & & & & \\ a_{i+1,1} & \cdots & & & & \\ \vdots & & & & & \\ a_{n1} & \cdots & & & & \end{vmatrix}.$$

Sonach ist *der Coefficient* A_{ik} *eines Gliedes* a_{ik} *in einer Determinante* R *von* n^2 *Elementen diejenige Determinante von* $(n-1)^2$ *Elementen, welche man dadurch erhält, dass man in* R *die in* a_{ik} *sich kreuzende Zeile* i *und Colonne* k *unterdrückt und die dadurch entstehende Determinante mit* $-1)^{i+k}$ *multiplicirt, d. h. mit* $+1$ *oder* -1, *je nachdem das betreffende Element gerade oder ungerade ist* (s. N^r 9, Ueb. 15).

Zweite Methode. Man kann a_{ik} an die erste Stelle mittelst $(i-1)$ cyclischen Vertauschungen der Zeilen und $(k-1)$ cyclischen Vertauschungen der Colonnen bringen. Jede dieser cyclischen Vertauschungen ist gleichbedeutend mit $(n-1)$ Vertauschungen von Zeilen oder Colonnen. Man findet demnach :

$$A_{ik} = (-1)^{(n-1)(i+k)} \begin{vmatrix} a_{i+1,k+1} & \cdots & a_{i+1,n} & a_{i+1,1} & \cdots & a_{i+1,k-1} \\ \cdot & \cdot & \cdot & \cdot & \cdot & \cdot \\ a_{n,k+1} & \cdot & \cdot & \cdot & \cdot & \cdot \\ a_{1,k+1} & \cdot & \cdot & \cdot & \cdot & \cdot \\ \cdot & \cdot & \cdot & \cdot & \cdot & \cdot \\ \cdot & \cdot & \cdot & \cdot & \cdot & \cdot \\ a_{i-1,k+1} & \cdot & \cdot & \cdot & \cdot & a_{i-1,k-1} \end{vmatrix} ;$$

je nachdem $(n-1)$ gerade oder ungerade ist, hat man :

$$(-1)^{(n-1)(i+k)} = 1 \text{ oder } (-1)^{i+k}.$$

Die zweite Methode der Bildung von A_{ik} ist bei theoretischen Untersuchungen nützlicher als die erste.

Uebungsaufgaben. 24. Man finde den Coefficienten von $a_{23} a_{11}$ in $\Sigma \pm a_{11} a_{22} \ldots a_{55}$. sowie denjenigen von $a_{ik} a_{jl}$ in $\Sigma \pm a_{11} \ldots a_{nn}$, mittelst cyclischer Vertauschung der Zeilen und der Colonnen, oder auch auf andere Weise.

25. In einer *symmetrischen* Determinante, wo also $a_{ik} = a_{ki}$, hat man: $A_{ik} = A_{ki}$.

26. In einer hemisymmetrischen Determinante (s. N^r 12, Ueb. 20), ist $A_{ik} = -A_{ki}$ und $A_{ii} = 0$, wenn der Grad der Determinante gerade ist; es ist $A_{ik} = A_{ki}$, wenn der Grad der Determinante ungerade ist und A_{ii} ist in diesem Falle eine hemisymmetrische Determinante. In einer schiefen Determinante ist A_{ii} ebenfalls eine schiefe Determinante.

**27. Das Element a_{ik} und der Ausdruck $(-1)^{i+k} A_{ik}$ werden gegenseitig *Complemente*, a_{ik} und A_{ik}, gegenseitig *algebraische Complemente* genannt. In allgemeinen, ist $(-1)^{\alpha+\beta+\gamma} a_{r_1 s_1} a_{r_2 s_2} \ldots a_{r_m s_m} a_{k_1 l_1} a_{k_2 l_2} \ldots a_{k_{n-m} l_{n-m}}$ ein Glied einer Determinante, welches $(\alpha + \beta + \gamma)$ Inversionen enthält, von denen α in $a_{r_1 s_1} \ldots a_{r_m s_m}$, β in $a_{k_1 l_1} \ldots a_{k_{n-m} l_{n-m}}$, enthalten sind, so werden die Determinanten $M = (-1)^\alpha \cdot (a_{r_1 s_1} \ldots a_{r_m s_m})$, $Q = (-1)^\beta \cdot (a_{k_1 l_1} \ldots a_{k_{n-m} l_{n-m}})$ gegenseitig *Complemente*, M und $(-1)^\gamma Q$, gegenseitig *algebraische Complemente*, genannt. Man zeige, dass das Product von M und Q, mit $+1$ oder -1 multiplicirt, je nachdem $(r+s)$ gerade oder ungerade ist (oder das Product der algebraischen Complemente M und $(-1)^\gamma Q$), $1.2\ldots m . 1.2\ldots (n-m)$ Glieder der Determinante $R = (a_{11} a_{22} \ldots a_{nn})$ giebt (s. N^r 8, Ueb. 13).

16. Erste Eigenschaft der Unterdeterminanten. *Bildung einer Determinante mittelst ihrer Unterdeterminanten* (Vgl. *Einleitung*, n° 12). Betrachten wir die Elemente $a_{11}, a_{12}, \ldots, a_{1n}$ der ersten Zeile einer Determinante R, so enthält jedes der Glieder von R eines (und zwar nur eines) dieser Elemente. Die Gesamtheit der Glieder, welche a_{11} enthalten, ist $a_{11} A_{11}$; die Gesamtheit derjenigen, welche a_{12} enthalten, ist $a_{12} A_{12}$, u. s. w. Also ist :

$$R = a_{11} A_{11} + a_{12} A_{12} + \cdots + a_{1n} A_{1n}.$$

Man hat ebenso für die Elemente der ersten Colonne, irgend einer Zeile i, oder irgend einer Colonne k :

$$R = a_{11} A_{11} + a_{21} A_{21} + \cdots + a_{n1} A_{n1},$$
$$R = a_{i1} A_{i1} + a_{i2} A_{i2} + \cdots + a_{in} A_{in},$$
$$R = a_{1k} A_{1k} + a_{2k} A_{2k} + \cdots + a_{nk} A_{nk}.$$

Mit Hilfe dieses Satzes kann man eine Determinante mittelst ihrer Unterdeterminanten und den Unterdeterminanten der letzteren etc. stufenweise berechnen, ohne sich der Permutationen zu bedienen.

Beispiele. I. Unterdeterminanten, gebildet nach der zweiten Methode :

$$\begin{vmatrix} a_1 & b_1 & c_1 \\ a_2 & b_2 & c_2 \\ a_3 & b_3 & c_3 \end{vmatrix} = a_1 \begin{vmatrix} b_2 & c_2 \\ b_3 & c_3 \end{vmatrix} + a_2 \begin{vmatrix} b_3 & c_3 \\ b_1 & c_1 \end{vmatrix} + a_3 \begin{vmatrix} b_1 & c_1 \\ b_2 & c_2 \end{vmatrix}.$$

II. Unterdeterminanten, gebildet nach der ersten Methode :
$$(a_1 b_2 c_3 d_4) = -b_1(a_2 c_3 d_4) + b_2(a_1 c_3 d_4) - b_3(a_1 c_2 d_4) + b_4(a_1 c_2 d_3).$$

Uebungsaufgabe 28. Man beweise, dass :

$$\begin{vmatrix} 0 & c & b & a' \\ c & 0 & a & b' \\ b & a & 0 & c' \\ a' & b' & c' & 0 \end{vmatrix} = a^2 a'^2 + b^2 b'^2 + c^2 c'^2 - 2aa'bb' - 2bb'cc' - 2cc'aa'.$$

und auch die Relationen der Uebungsaufgabe 14.

17. Zusätze. I. *Wenn die Elemente einer Zeile i (oder einer Colonne k) mit Ausnahme eines einzigen a_{ik} in einer Determinante R null sind, so reduciert sich die Determinante auf das Product $a_{ik} A_{ik}$ dieses Elementes mit der zugehörigen Unterdeterminante. Wenn folglich alle Elemente, welche auf derselben Seite einer Diagonale gelegen sind, null sind, so reduciert sich die Determinante des Systems auf ihr Anfangsglied.* Folglich hat man :

$$\begin{vmatrix} a_1 & b_1 & c_1 & d_1 \\ 0 & b_2 & c_2 & d_2 \\ 0 & 0 & c_3 & d_3 \\ 0 & 0 & 0 & d_4 \end{vmatrix} = a_1 \begin{vmatrix} b_2 & c_2 & d_2 \\ 0 & c_3 & d_3 \\ 0 & 0 & d_4 \end{vmatrix} = a_1 b_2 \begin{vmatrix} c_3 & d_3 \\ 0 & d_4 \end{vmatrix} = a_1 b_2 c_3 d_4.$$

II. *Wenn die Elemente einer Zeile i (oder einer Colonne k) einer Determinante null sind, so können die Elemente der Colonne k (oder der Zeile i). ausgenommen a_{ik}, welches nicht in A_{ik} auftritt, durch beliebige Elemente* *ersetzt werden;* ersetzt man sie speciell durch Null, so kann man auch die Elemente der Zeile i (oder der Colonne k) durch beliebige Elemente ersetzen. Folglich ist

$$m(a_1 b_2 c_3) = \begin{vmatrix} m & n & p & q \\ 0 & a_1 & b_1 & c_1 \\ 0 & a_2 & b_2 & c_2 \\ 0 & a_3 & b_3 & c_3 \end{vmatrix} = \begin{vmatrix} m & 0 & 0 & 0 \\ 0 & a_1 & b_1 & c_1 \\ 0 & a_2 & b_2 & c_2 \\ 0 & a_3 & b_3 & c_3 \end{vmatrix}$$

$$= \begin{vmatrix} m & n' & p' & q' \\ 0 & a_1 & b_1 & c_1 \\ 0 & a_2 & b_2 & c_2 \\ 0 & a_3 & b_3 & c_3 \end{vmatrix} = \begin{vmatrix} m & 0 & 0 & 0 \\ n'' & a_1 & b_1 & c_1 \\ p'' & a_2 & b_2 & c_2 \\ q'' & a_3 & b_3 & c_3 \end{vmatrix}.$$

III. *Jede Determinante kann in eine Determinante höheren Grades verwandelt werden, und jedes Product kann in Form einer Determinante geschrieben werden.* Man hat z. B., indem man die beliebigen Elemente durch Sternchen ersetzt:

$$a_1 b_2 c_3 = \begin{vmatrix} a_1 & * & * \\ 0 & b_2 & 0 \\ 0 & * & c_3 \end{vmatrix}; \quad \begin{vmatrix} a_1 & b_2 \\ a_2 & b_1 \end{vmatrix} = \begin{vmatrix} 1 & * & * \\ 0 & a_1 & b_1 \\ 0 & a_2 & b_2 \end{vmatrix} = \begin{vmatrix} 1 & 0 & 0 & 0 \\ * & 1 & * & * \\ * & 0 & a_1 & b_1 \\ * & 0 & a_2 & b_2 \end{vmatrix}$$

IV. *Die Unterdeterminante* A_{ik} *ist speciell einer Determinante* R *gleich, in welcher* a_{ik} *durch* 1 *ersetzt ist und die anderen Elemente der Zeile* i *oder der Colonne* k *durch Nullen.* So z. B. hat man, wenn C den Coefficienten von x^3 in der Determinante darstellt:

$$\begin{vmatrix} 1 & x & x^2 & x^3 & x^4 \\ 1 & a & a^2 & a^3 & a^4 \\ 1 & b & b^2 & b^3 & b^4 \\ 1 & c & c^2 & c^3 & c^4 \\ 1 & d & d^2 & d^3 & d^4 \end{vmatrix}, \quad C = \begin{vmatrix} 0 & 0 & 0 & 1 & 0 \\ 1 & a & a^2 & 0 & a^4 \\ 1 & b & b^2 & 0 & b^4 \\ 1 & c & c^2 & 0 & c^4 \\ 1 & d & d^2 & 0 & d^4 \end{vmatrix} = - \begin{vmatrix} 1 & a & a^2 & a^4 \\ 1 & b & b^2 & b^4 \\ 1 & c & c^2 & c^4 \\ 1 & d & d^2 & d^4 \end{vmatrix}$$

Uebungsaufgaben. 29. Zu beweisen, dass

$$\begin{vmatrix} 1 & 1 & 1 & 1 & \ldots & 1 & 0 & \ldots & 0 & 0 \\ 1 & 1 & 0 & 0 & \ldots & 0 & 0 & \ldots & 0 & 0 \\ 0 & 1 & 1 & 0 & \ldots & 0 & 0 & \ldots & 0 & 0 \\ 0 & 0 & 1 & 1 & \ldots & 0 & 0 & \ldots & 0 & 0 \\ \cdot & \cdot & \cdot & \cdot & & \cdot & \cdot & & \cdot & \cdot \\ 0 & 0 & 0 & 0 & \ldots & 0 & 0 & \ldots & 1 & 1 \end{vmatrix} = 1 \text{ ou } 0;$$

Dasselbe Resultat giebt die Determinante, deren Elemente alle null sind, ausser dass $a_{p,p-1}=1$, $a_{q,q+r}=-1$, in dem man der Reihe nach p ersetzt durch $2, 3, \ldots n$ und q durch $1, 2, \ldots n-r$.

30. Wenn $mn = 1$ ist, so ist:
$$\begin{vmatrix} m+n & 1 & 0 & 0 \\ 1 & m+n & 1 & 0 \\ 0 & 1 & m+n & 1 \\ 0 & 0 & 1 & m+n \end{vmatrix} = \frac{m^5 - n^5}{m-n}.$$

Man verallgemeinere diese Eigenschaft. Untersuchung des Falles, wo $m+n = 2\cos x$, oder $m+n = 2$, ist.

31. Man beweise, dass Q_n (in N^r 10, Ueb. 17) $= a_n Q_{n-1} + b_n Q_{n-2}$. Hieraus folgt, dass Q_n der Nenner des n^{ten} Näherungswertes des Kettenbruches $\left(\frac{b_1}{a_1} + \frac{b_2}{a_2} + \ldots\right)$ ist. Deswegen heisst Q_n eine *Continuante*.

*32. Man beweise den Satz von **Muir** (N^r 10, Ueb. 18) für $k = 0$, $p = 1$.

33. **Lehrsatz von Laplace. Man kann eine Determinante von n^2 Elementen in eine algebraische Summe von Producten von Determinanten zerlegen, welche den in N^r 15, Uebungsaufg. 27, erwähnten analog sind; die einen sind von der Ordnung m und ihre Elemente werden immer aus denselben m Zeilen oder Colonnen der ursprünglichen Determinante genommen, die anderen sind von der Ordnung $(n-m)$, und ihre Elemente werden aus den noch übrigen $(n-m)$ Zeilen oder Colonnen genommen. Oder einfacher: eine Determinante R ist gleich der Summe der Producte aller Determinanten M von m^2 Elementen, die man mit den Elementen von m Zeilen oder Colonnen bilden kann, multiplicirt durch ihre algebraischen Complemente. Also ist

$(a_1 b_2 c_3 d_4) = (a_1 b_2)(c_3 d_4) - (a_1 b_3)(c_2 d_4) + (a_1 b_4)(c_2 d_3) + (a_2 b_3)(c_1 d_4) - (a_2 b_4)(c_1 d_3) + (a_3 b_4)(c_1 d_2).$

Man findet 0 statt R, wenn man in den Determinanten um die es sich handelt, in Ueb. 27 die Elemente einer (oder mehrern) der übrig bleibenden $(n-m)$ Zeilen oder Colonnen durch die entsprechenden Elemente einer (oder mehrern) der m erstern Zeilen oder Colonnen ersetzt (**Muir**). Also

$(a_1 b_2)(a_3 d_4) - (a_1 b_3)(a_2 d_4) + (a_1 b_4)(a_2 d_3) + (a_2 b_3)(a_1 d_4) - (a_2 b_4)(a_1 d_3)$
$+ (a_3 b_4)(a_1 d_2) = (a_1 b_2 a_3 d_4) = 0.$

Zusätze. I. Ein einziges dieser Producte ist nicht null, wenn alle Elemente, welche m Linien und $(n-m)$ Colonnen der ursprünglichen Determinante gemeinsam sind, null betragen (**Jacobi**). II. Eine Determinante, in welcher die m Linien oder $(n-m+1)$ Colonnen gemeinsamen Elemente null betragen, ist null (Ueb. 32).

18. Zweite Eigenschaft der Unterdeterminanten. Lemma. *Die Unterdeterminante A_{ik} einer Determinante R ändert sich nicht, wenn man die Elemente der Zeile i und der Colonne k durch beliebige Elemente*

ersetzt. Denn nach der Definition enthält A_{ik} weder ein Element dieser Zeile, noch ein Element dieser Colonne.

Lehrsatz. Man hat :
$$a_{j1} A_{i1} + a_{j2} A_{i2} + \cdots + a_{jn} A_{in} = 0,$$
$$a_{1j} A_{1i} + a_{2j} A_{2i} + \cdots + a_{nj} A_{ni} = 0,$$

wenn j eine in der Zahlenreihe 1, 2, ... *n enthaltene Zahl und von i verschieden ist.* Denn der erste dieser Ausdrücke ist eine Determinante, deren i^{te} Zeile mit der j^{ten} identisch ist; der zweite stellt eine Determinante dar, deren i^{te} Colonne mit der j^{ten} identisch ist (Siehe *Einleitung*, n° 12).

Uebungsaufgaben *34. Es sei $R = (a_{11} a_{22} \ldots a_{nn})$, $S = (b_{11} b_{22} \ldots b_{n-1, n-1})$. Bilden wir mittelst S neue Determinanten S_i, indem wir die $(n-1)$ Elemente der ersten Colonne $b_{11}, b_{21}, \ldots b_{n-1,1}$ durch $a_{1i} a_{2i}, \ldots a_{n-1,i}$ ersetzen, so haben wir identisch:
$$A_{n1} S_1 + A_{n2} S_2 + \cdots + A_{nn} S_n = 0.$$

Zur Giltigkeit dieses Satzes braucht die in S versetzte Colonne nicht die erste zu sein. Er kann folgenderweise ausgedrückt werden : das Product $A_{n1} S_1$ zweier Determinanten ist gleich der Summe der Producte der Determinanten, die sich ergeben, wenn man im ersten Factor nacheinander jede Colonne (oder Zeile) ersetzt durch eine und dieselbe Colonne (oder Zeile) des zweiten Factors und eben so diese ersetzt durch diejenige, welche in dem ersten Factor nicht beibehalten wird. Dieser Satz lässt sich beweisen, indem man $S_1 . S_2, \ldots S_n$ darstellt durch deren Unterdeterminanten $B_{11}, B_{22}, \ldots B_{n-1,1}$ (Anderer Beweis, Ueb. 38). Zum Beispiele :
$$(b_1 c_2)(a_1 d_2) + (c_1 a_2)(b_1 d_2) + (a_1 b_2)(c_1 d_2) = 0. \qquad (z)$$

(Baltzer-Hoüel, III, 11).

II. Princip der Addition der Reihen.

19. Fünfte Eigenschaft. *Man kann zu den Elementen einer Zeile (Colonne) einer Determinante die mit beliebigen Constanten multiplicirten Elemente einer oder mehrerer paralleler Zeilen (Colonnen) hinzufügen, ohne die Determinante zu ändern.* Folglich ist :

$$\begin{vmatrix} a_1 + mb_1 - nd_1 & b_1 & c_1 & d_1 \\ a_2 + mb_2 - nd_2 & b_2 & c_2 & d_2 \\ a_3 + mb_3 - nd_3 & b_3 & c_3 & d_3 \\ a_4 + mb_4 - nd_4 & b_4 & c_4 & d_4 \end{vmatrix} = \begin{vmatrix} a_1 & b_1 & c_1 & d_1 \\ a_2 & b_2 & c_2 & d_2 \\ a_3 & b_3 & c_3 & d_3 \\ a_4 & b_4 & c_4 & d_4 \end{vmatrix}.$$

Denn die erste dieser Determinanten ist gleich

$$(a_1 + mb_1 - nd_1)A_1 + (a_2 + mb_2 - nd_2)A_2$$
$$+ (a_3 + mb_3 - nd_3)A_3 + (a_4 + mb_4 - nd_4)A_4;$$

diese Summe kann man als eine aus drei Teilen zusammengesetzte betrachten. Nach der ersten Eigenschaft der Unterdeterminanten ist einer dieser Teile, nämlich:

$$a_1A_1 + a_2A_2 + a_3A_3 + a_4A_4,$$

die zweite der oben angeschriebenen Determinanten. Die anderen beiden Teile:

$$m(b_1A_1 + b_2A_2 + b_3A_3 + b_4A_4), \quad - n(d_1A_1 + d_2A_2 + d_3A_3 + d_4A_4)$$

sind null, gemäss der zweiten Eigenschaft der Unterdeterminanten; hiermit ist die Behauptung bewiesen.

Diese Eigenschaft ist in der Determinantenrechnung von grosser Wichtigkeit.

Beispiel I. Man hat successive:

$$\begin{vmatrix} 9 & 13 & 17 & 4 \\ 18 & 28 & 33 & 8 \\ 30 & 40 & 54 & 13 \\ 24 & 37 & 46 & 11 \end{vmatrix} = \begin{vmatrix} 1 & 1 & 1 & 4 \\ 2 & 4 & 1 & 8 \\ 4 & 1 & 2 & 13 \\ 2 & 4 & 2 & 11 \end{vmatrix} = \begin{vmatrix} 1 & 1 & 1 & 1 \\ 2 & 4 & 1 & 1 \\ 4 & 1 & 2 & 6 \\ 2 & 4 & 2 & 3 \end{vmatrix} =$$

$$\begin{vmatrix} 2, & -1, & -1 \\ -3, & -2, & 2 \\ 2, & 0, & 1 \end{vmatrix} = \begin{vmatrix} 4, & -1, & -1 \\ -7, & -2, & 2 \\ 0, & 0, & 1 \end{vmatrix} = \begin{vmatrix} 4, & -1 \\ -7, & -2 \end{vmatrix} = -15.$$

Die zweite Determinante wird aus der ersten dadurch abgeleitet, dass man die zwei-, drei-, vierfach genommenen Elemente der letzten Colonne beziehungsweise von der ersten, zweiten, dritten Colonne abzieht. Die dritte Determinante wird aus der zweiten dadurch abgeleitet, dass man die Elemente der drei ersten Colonnen von denjenigen der letzten abzieht. « Wenn wir, wie in gegenwärtigem Falle, eine Determinante haben, in welcher alle Elemente ein und derselben Zeile gleich sind, können wir stets daraus durch Substraction eine andere Determinante ableiten, in welcher alle Elemente ein und derselben Zeile, mit Ausnahme eines einzigen, null werden, und so die Berechnung auf die einer Determinante niedrigeren Grades zurückführen (**Salmon**). » In ähnlicher Weise kann man diese Berechnung fortsetzen. Man kann immer in derselben Linie gleiche (und selbst der Einheit gleiche) Elemente erhalten, indem man verfährt wie in diesem Beispiel.

II. 1° Man hat successive, wenn $m = (b-a)(c-a)(d-a)$,

$$\begin{vmatrix} 1 & a & a^2 & a^3 \\ 1 & b & b^2 & b^3 \\ 1 & c & c^2 & c^3 \\ 1 & d & d^2 & d^3 \end{vmatrix} = \begin{vmatrix} 1 & 0 & 0 & 0 \\ 1 & b-a & b^2-ab & b^3-ab^2 \\ 1 & c-a & c^2-ac & c^3-ac^2 \\ 1 & d-a & d^2-ad & d^3-ad^2 \end{vmatrix} =$$

$$\begin{vmatrix} b-a & b^2-ab & b^3-ab^2 \\ c-a & c^2-ac & c^3-ac^2 \\ d-a & d^2-ad & d^3-ad^2 \end{vmatrix} = m \begin{vmatrix} 1 & b & b^2 \\ 1 & c & c^2 \\ 1 & d & d^2 \end{vmatrix} =$$

$$m \begin{vmatrix} 1 & 0 & 0 \\ 1 & c-b & c^2-bc \\ 1 & d-b & d^2-bd \end{vmatrix} = m(c-b)(d-b) \begin{vmatrix} 1 & c \\ 1 & d \end{vmatrix}$$

$$= (b-a)(c-a)(d-a)(c-b)(d-b)(d-c).$$

Schliesslich hat man, wenn man die ursprüngliche Determinante durch ihre, zwischen Strichen gesetzte, erste Zeile und durch P $(b-a)$ das Product der Differenzen der Grössen a, b, c, d, ausdrückt,

$$| 1, a, a^2, a^3 | = P(b-a).$$

Im allgemeinen

$$| 1, x, x^2, \cdots, x^{n-1} | = P(x_k - x_i).$$

Aus dieser Identität hat **Cauchy** die Theorie der Determinanten abgeleitet (Vergl. N° 14, Beispiel).

2° Man findet auch

$$| 1, a, a^2, a^4 | = | 1, a, a^2, a^3 | (a+b+c+d),$$
$$| 1, a, a^2, a^5 | = | 1, a, a^2, a^3 | (a^2+b^2+c^2+d^2+ab+ac+ad+bc+bd+cd),$$

u. s. w. Man kann auch folgenderweise zu diesen Resultaten gelangen. Setzen wir $(x-a)(x-b)(x-c)(x-d) = x^4 + Px^3 + Qx^2 + Rx + S$, wo $-P = a+b+c+d$, $Q = ab+ac+ad+bc+bd+cd$, etc. und $a^4 + Pa^3 + Qa^2 + Ra + S = 0$, $b^4 + $ etc. $= 0$. Ersetzen wir a^4, b^4, c^4, d^4 in $| 1, a, a^2, a^4 |$ durch ihre aus den letzten Relationen abgeleiteten Werte, so ergiebt sich

$$| 1, a, a^2, a^4 | = | 1, a, a^2, -Pa^3 - Qa^2 - Ra - S | =$$
$$| 1, a, a^2, -Pa^3 | = -P | 1, a, a^2, a^3 |,$$

wenn wir die erste Zeile der Determinante mit S, die zweite met R, die dritte met Q multipliciren und diese Producte zur letzten Zeile hinzufügen. Dann

$$|1, a, a^2, a^5| = -P |1,a,a^2,a^4| - Q |1,a,a^2,a^3| = |1,a,a^2,a^3|(P^2-Q).$$

Es ist möglich alle Determinanten $| 1, a^p, a^q, a^r, \cdots |$ so zu berechnen.

III.

$$R = \begin{vmatrix} a_1 & b_1 & c_1 \\ a_2 & b_2 & c_2 \\ a_3 & b_3 & c_3 \end{vmatrix} = \frac{1}{a_1^2}\begin{vmatrix} a_1 & 0 & 0 \\ a_2 & a_1b_2 - a_2b_1 & a_1c_2 - a_2c_1 \\ a_3 & a_1b_3 - a_3b_1 & a_1c_3 - a_3c_1 \end{vmatrix} = \frac{1}{a_1}\begin{vmatrix} (a_1b_2) & (a_1c_2) \\ (a_1b_3) & (a_1c_3) \end{vmatrix}$$

Man multiplicire die erste Colonne mit b_1, die zweite mit a_1, alsdann ziehe man das erste Product von dem zweiten ab; ferner multiplicire man die erste Colonne mit c_1, die dritte mit a_1 und ziehe beide Producte von einander ab. Ein ähnlicher Satz gilt für die Determinante $(a_1 b_2 \cdots l_n)$. Hieraus ergiebt sich folgende wichtige Bemerkung: *Wenn alle Determinanten zweiten Grades $(a_1 b_2), (a_1 c_2), (a_1 b_3), (a_1 c_3)$, etc. durch k teilbar sind, so ist die Determinante durch k^{n-1} teilbar* (Janni).

Uebungsaufgaben 35. Man verallgemeinere die folgende Relation:

$$0 = \begin{vmatrix} a-d & a & 1 \\ b-d & b & 1 \\ c-d & c & 1 \end{vmatrix} = (a-d)(b-c) + (b-d)(c-a) + (c-d)(a-b).$$

Man beweise die Relation (z), N^r 18, Ueb. 34; dann die Relation der N^r 14, Ueb. 23.

36. Es seien $X = (x-\alpha)(x-\beta)(x-\gamma)\ldots$; $X_a = (a-\alpha)(a-\beta)(a-\gamma)\ldots$; $X_b = (b-\alpha)(b-\beta)(b-\gamma)\ldots$ etc. Die Determinante

$$\begin{vmatrix} 1 & 1 & 1 & 1 \\ a & b & c & d \\ a^2 & b^2 & c^2 & d^2 \\ X_a & X_b & X_c & X_d \end{vmatrix} = -X_a\begin{vmatrix} 1 & 1 & 1 \\ b & c & d \\ b^2 & c^2 & d^2 \end{vmatrix} + X_b\begin{vmatrix} 1 & 1 & 1 \\ a & c & d \\ a^2 & c^2 & d^2 \end{vmatrix} - \text{etc.},$$

ist gleich $(b-a)(c-a)(c-b)(d-a)(d-b)(d-c)$ oder null, je nachdem X vom dritten oder einem niedrigern Grade ist. Stellt man die Determinanten des zweiten Gliedes dar in der Form von Binomen-Producten, so ergeben sich merkwürdige Identitäten, welche sich verallgemeinern lassen und dann den Hauptsätzen des Kap. XVI der « Géométrie supérieure » von **Chasles** äquivalent sind (V. Retali).

37. Man verallgemeinere die Uebungsaufgaben 16, 17, 19 der Einleitung und die folgenden Beziehungen: 1° Wenn (Vergl. N^r 31, Ueb. 91).

$1.2 \, 3 \ldots k C_a^k = a(a-1) \ldots (a-k+1)$; $\alpha = 1 \times 1 \times 1.2$; $\beta = u_3 - 3u_2 + 3u_1 - u_0$, hat man

$$\begin{vmatrix} 1 & C_a^1 & C_{a+1}^2 \\ 1 & C_{a+1}^1 & C_{a+2}^2 \\ 1 & C_{a+2}^1 & C_{a+3}^2 \end{vmatrix} = 1; \quad \begin{vmatrix} 1 & 0 & 0 & u_0 \\ 1 & 1 & 0 & u_1 \\ 1 & 2 & 1.2 & u_2 \\ 1 & 3 & 2.3 & u_3 \end{vmatrix} = \alpha\beta.$$

2° Wenn $F = a_0x^3 + a_1x^2 + a_2x + a_3 = a_0(x-\alpha)(x-\beta)(x-\gamma)$, hat man

$$F = \begin{vmatrix} x & 0 & 0 & a_3 \\ -1 & x & 0 & a_2 \\ 0 & -1 & x & a_1 \\ 0 & 0 & -1 & a_0 \end{vmatrix} = a_0\begin{vmatrix} x & * & * & 1 \\ \alpha & x & * & 1 \\ \alpha & \beta & x & 1 \\ \alpha & \beta & \gamma & 1 \end{vmatrix}.$$

$$3^{\circ} \begin{vmatrix} a & a & a & a \\ a & b & b & b \\ a & b & c & c \\ a & b & c & d \end{vmatrix} = \begin{Bmatrix} a(b-a) \times \\ (c-b)(d-c) \end{Bmatrix}; \quad \begin{vmatrix} a & b & c & d \\ -a & b & * & * \\ -a & -b & c & * \\ -a & -b & -c & d \end{vmatrix} = 2^3 . abcd;$$

$$4^{\circ} \begin{vmatrix} 1 & 1 & 0 & 1 \\ 1 & 0 & 1 & 1 \\ 0 & 1 & 1 & 1 \\ 1 & 1 & 1 & 1 \end{vmatrix} = 1; \quad \begin{vmatrix} 1 & 1 & 1 & 0 \\ 1 & 1 & 0 & 1 \\ 1 & 0 & 1 & 1 \\ 0 & 1 & 1 & 1 \end{vmatrix} = -3; \quad \begin{vmatrix} 1 & 1 & 1 & 0 \\ 0 & 1 & 1 & 1 \\ 1 & 2 & 3 & 0 & 0 \\ 0 & 1 & 2 & 3 & 0 \\ 0 & 0 & 1 & 2 & 3 \end{vmatrix} = 4^2.$$

33. Zu beweisen, dass

$$| \, abc \parallel xyz \, | = | \, xbc \parallel ayz \, | + | \, ybc \parallel xaz \, | + | \, zbc \parallel xya \, |.$$

Man stelle vorläufig vermittelst des Lehrsatzes von Laplace (Ueb. 33) jede Seite der Gleichungen (oder alle auf einer Seite vereinigten Glieder) in der Form einer Determinante von 6 Linien dar (Vgl. Ueb. 34).

39. Wenn die Summe der Elemente jeder Zeile einer symmetrischen Determinante null ist, so sind die Unterdeterminanten zweier benachbarter Elemente, und folglich auch die Unterdeterminanten zweier beliebiger Elemente einander gleich.

40. Wenn man von der Bezeichnung in Beispiele II Gebrauch macht, und setzt:

$$A = |a^6, a^3, a^2, a, 1|, \quad B = |a^5, a^4, a^3, a, 1|, \quad C = |a^4, a^3, a^2, a, 1|,$$

kann man beweisen, dass:

$$4A - 6B = C \left\{ (a-b)^2 + (a-c)^2 + (a-d)^2 + (a-e)^2 + \cdots + (d-e)^2 \right\}.$$
$$A - B = C(a^2 + b^2 + c^2 + d^2 + e^2).$$

41. 1°
$$\begin{vmatrix} 1 & 1 & 1 \\ \sin a & \sin b & \sin c \\ \cos a & \cos b & \cos c \end{vmatrix} = 2 \begin{vmatrix} \cos \frac{1}{2}(a-b), & \cos \frac{1}{2}(b-c), & \cos \frac{1}{2}(c-a) \\ \cos \frac{1}{2}(a+b), & \cos \frac{1}{2}(b+c), & \cos \frac{1}{2}(c+a) \\ \sin \frac{1}{2}(a+b), & \sin \frac{1}{2}(b+c), & \sin \frac{1}{2}(c+a) \end{vmatrix}$$
$$= 4 \sin \tfrac{1}{2}(a-b). \sin \tfrac{1}{2}(b-c). \sin \tfrac{1}{2}(c-a).$$

Man setze in der zweiten Determinante $\alpha = \sin \frac{1}{2}a$, $\alpha' = \cos \frac{1}{2}a$, $\beta = \sin \frac{1}{2}b$, etc.

2° Man berechne die Determinanten

$$| \sin x, \; \sin 2x, \; \sin 3x |, \quad | \sin^2 x, \; \sin x \cos x, \; \cos^2 x |.$$

42. Wenn in einer Determinante die Summe der Quadrate der Elemente jeder Zeile der Einheit gleich ist, und wenn ausserdem die Summe der Producte der entsprechenden Elemente irgend zweier paralleler Zeilen null ist, finden dieselben Beziehungen zwischen den Elementen der Colonnen statt. *Die Determinante ist gleich ± 1 und jede Unterdeterminante, absolut genommen, hat den Wert ihres correspondierenden Elementes (Vergl. n° 26, II).

*43 Eine Determinante ist null, wenn das Verhältniss der Differenz der Elemente zweier Colonnen zur Differenz der Elemente zweier anderer Colonnen für jede Zeile constant ist (**Studnička**).

**44. Jede Determinante vom Grade n, die *in Bezug auf ihr Centrum symmetrisch* ist heisse *cyclosymmetrisch*; sie ist das Product zweier Determinanten vom Grade $\frac{1}{2}n$ oder von den Graden $\frac{1}{2}(n+1)$, $\frac{1}{2}(n-1)$. Also

$$\begin{vmatrix} a_1 & b_1 & c_1 & d_1 \\ a_2 & b_2 & c_2 & d_2 \\ d_3 & c_2 & b_2 & a_2 \\ d_1 & c_1 & b_1 & a_1 \end{vmatrix} = \begin{vmatrix} a_1+d_1 & b_1+c_1 \\ a_2+d_2 & b_2+c_2 \end{vmatrix} \begin{vmatrix} a_1-d_1 & b_1-c_1 \\ a_2-d_2 & b_2-c_2 \end{vmatrix}$$

Eine besondere Gattung der cyclosymmetrisches Determinanten sind die *bisymmetrischen*, deren Elemente symmetrisch sind in Bezug auf beide Diagonalen (Vgl. Ueb. 51).

*45 Eine symmetrische Determinante, in welcher alle Elemente der zur zweiten oder ersten Diagonale parallelen Reihen gleich sind, nennt man *persymmetrisch*. Man verallgemeinere die folgende sich auf eine persymmetrische Determinante beziehende Relation, welche von **Hankel** herrührt:

$$\begin{vmatrix} x & x_1 & x_2 \\ x_1 & x_2 & x_3 \\ x_2 & x_3 & x_4 \end{vmatrix} = \begin{vmatrix} x & y & z \\ y & z & u \\ z & u & v \end{vmatrix} \quad \begin{cases} y = x_1-x; \; y_1 = x_2-x_1; \text{ etc.} \\ z = y_1-y; \; z_1 = y_2-y_1; \text{ etc.} \\ u = z_1-z; \; u_1 = z_2-z_1. \\ v = u_1-u. \end{cases}$$

Es besteht eine analoge Formel für eine beliebige Determinante (**Studnicka**). Man wende vorstehendes auf eine Determinante von drei oder vier Zeilen an, deren Elemente die Quadrate oder die Cuben der Zahlen 0, 1, 2, 3, ... sind.

**16. Eine persymmetrische Determinante, in welcher jede Zeile dieselben Elemente enthält, wird *Circulante* genannt. Man verallgemeinere die folgende, sich auf eine Determinante dieser Art beziehende Formel, wo ι eine der imaginären Cubikwurzeln der Einheit vorstellt:

$$\begin{vmatrix} x & y & z \\ z & x & y \\ y & z & x \end{vmatrix} = (x+y+z)(x+\iota y+\iota^2 z)(x+\iota^2 y+\iota z).$$

Jede Circulante mit $2n$ Zeilen kann symmetrisch in Bezug auf sein Centrum (cyclosymmetrisch) gemacht werden, wenn man die Ordnung der n letzten Zeilen und dann der n letzten Colonnen umkehrt.

Aendert man die Vorzeichen aller auf einer Seite der Hauptdiagonale gelegenen Elemente einer Circulante, so erhält man eine *schiefe Circulante*. Die schiefe Circulanten haben Eigenschaften, welche denen der Circulanten analog sind.

17. Man suche den Wert einer Circulante, in welcher die Elemente $x_1, x_2, \ldots x_n$ ausser x_1, gleich 1 sind; wo sie ausser x_1, x_2, gleich 0 sind; wo sie eine arithmetische oder eine geometrische Progression bilden; wo $x_k = m^{nk-1}$ ist. (Stern**, Journal herausgeg. von Crelle-Borchardt, Bd., 73, S. 376, etc.); wo $x_k = k^2$, oder $\cos(a+kb-b)$, oder $\sin(a+kb-b)$, oder C_n^{k-1}, $x_1 = 1$.

48. $\begin{vmatrix} -x & y & z & u \\ y & -x & u & z \\ z & u & -x & y \\ u & z & y & -x \end{vmatrix} = -\begin{Bmatrix}(-x+y+z+u)(x-y+z+u) \\ \times (x+y-z+u)(x+y+z-u)\end{Bmatrix}.$

Es ist der Fall zu untersuchen, wo $x = 0$.

20. Eigenschaften einer Null-Determinante. Erste Eigenschaft.
I. Ist eine Determinante null, so wird die erste (N^r 16) und die zweite (N^r 18) Eigenschaft der Unterdeterminanten durch dieselbe Gleichung, nämlich:

$$a_{1j}A_{1i} + a_{2j}A_{2i} + \ldots + a_{nj}A_{ni} = 0, \qquad (C)$$

ausgedrückt, in welcher j sowohl mit i gleich, oder von i verschieden sein kann. *Es besteht also zwischen den Elementen* $a_{1j}, a_{2j}, \ldots, a_{nj}$ *irgend einer Colonne j eine lineare Gleichung.* Man hat ebenso für die Elemente $a_{j1}, a_{j2}, \ldots, a_{jn}$ irgend einer Zeile j:

$$a_{j1}A_{i1} + a_{j2}A_{i2} + \cdots + a_{jn}A_{in} = 0. \qquad (L)$$

II. *Umgekehrt, wenn eine solche lineare Relation zwischen den Elementen jeder Zeile oder Colonne stattfindet, so ist die Determinante null.* Sei z. B.:

$$\lambda_1 a_{1j} + \lambda_2 a_{2j} + \cdots + \lambda_n a_{nj} = 0, \qquad (N)$$

diese Relation für die Elemente irgend einer Colonne j. Multiplicieren wir die Elemente der ersten Zeile mit λ_1 und addieren hierzu die Elemente der anderen Zeilen, nachdem wir dieselben beziehungsweise mit $\lambda_2, \lambda_3, \ldots, \lambda_n$ multipliciert haben, so wird die mit λ_1 multiplicierte Determinante einer anderen Determinante gleich sein, in welcher alle Elemente der ersten Zeile zufolge der Gleichung (N) null sind. Damit ist der Satz bewiesen.

III. Es sei $R = (a_{11} a_{22} \cdots a_{nn}) = 0$, so folgt,

$$A_{11} : A_{21} : A_{31} : \cdots : A_{n1} =$$
$$A_{12} : A_{22} : A_{32} : \cdots : A_{n2} =$$
$$\cdot \quad \cdot \quad \cdot \quad \cdot \quad \cdot \quad \cdot \quad \cdot \quad \cdot$$
$$A_{1n} : A_{2n} : A_{3n} : \cdots : A_{nn},$$

wenn die Unterdeterminanten nicht alle null sind.

Nehmen wir an A_{rs} sei nicht null, und beschäftigen wir uns mit der Unterdeterminante A_{ik}, welche sich ergiebt, indem man in R an die Stelle der Elemente der Colonne k Null setzt, mit Ausnahme von a_{ik}, an dessen Stelle man die Einheit setzt (N^r 17, IV). Multiplicieren wir dann die Elemente der r^{ten} Zeile von A_{ik} mit A_{rs} und addieren wir dazu die Elemente der anderen Zeilen, nachdem wir sie respective mit $A_{1s}, A_{2s}, \ldots, A_{ns}$ multipliciert haben, so hat man, zufolge der Gleichungen (C) der r^{te} Zeile die Elemente

$$0, 0, \ldots, b_{rk} = A_{is}, \ldots, 0, 0,$$

wo b_{rk} das k^{te} Element bezeichnet. Das Product $A_{ik} A_{rs}$ ist also gleich b_{rk} oder A_{is} multiplicirt mit der entsprechenden Unterdeterminante, nämlich A_{rk}. Folglich ist $A_{ik} A_{rs} = A_{is} A_{rk}$ oder, wenn A_{rk} nicht null ist, $A_{ik} : A_{rk} = A_{is} : A_{rs}$.

Daraus ergibt sich die *erste Eigenschaft einer Null-Determinante*: « *Die den Elementen paralleler Colonnen (Zeilen) einer Null-Determinante entsprechenden Unterdeterminanten sind proportional;* folglich, *die verschiedenen linearen Beziehungen zwischen den Elementen paralleler Colonnen (Zeilen) einer Null-Determinanten sind in Wirklichkeit von einander nicht verschieden und unterscheiden sich nur durch einen constanten Factor.*

Das Princip dieser Beweisführung rührt her von Janni.

B. **Zweite Eigenschaft.** *In einer Null-Determinante* R *besteht dieselbe homogene Relation zwischen den Elementen jeder Zeile (Colonne) und in dieser Relation bleibt ein Teil der Coefficienten der Elementen, welche nicht notwendigerweise null sein müssen, sondern man kann ihnen einen willkürlichen Wert beilegen* (**Falk**).

Erster Fall. Einige Unterdeterminanten von R sind von Null verschieden. Bei dieser Annahme, ist die zweite Eigenschaft mit der ersten identisch (n° 20, A, III).

Zweiter Fall. Alle Unterdeterminanten von R sind null, aber eine Undeterminante höherer Ordnung ist von Null verschieden. Der Kürze halber, wollen wir uns begnügen mit der Berücksichtigung der Determinante $R = |abcde|$, derer Unterdeterminanten alle null sind; aber es sei $(a_1 b_2 c_3)$ von Null verschieden. Man findet leicht (für beliebige, also auch von Null verschiedene Werte von u und v) Coefficienten x, y, z welche den Gleichungen

$$F_1 \text{ oder } a_1 x + b_1 y + c_1 z + d_1 u + e_1 v = 0, \qquad (1)$$

$$F_2 \text{ oder } a_2 x + b_2 y + c_2 z + d_2 u + e_2 v = 0. \qquad (2)$$

$$F_3 \text{ oder } a_3 x + b_3 y + c_3 z + d_3 u + e_3 v = 0, \qquad (3)$$

$$F_4 \text{ oder } a_4 x + b_4 y + c_4 z + d_4 u + e_4 v = 0, \qquad (4)$$

$$F_5 \text{ oder } a_5 x + b_5 y + c_5 z + d_5 u + e_5 v = 0. \qquad (5)$$

genügen. Es sei

$$(a_1 b_2 c_3) = a_1 \alpha_1 + a_2 \alpha_2 + a_3 \alpha_3 = b_1 \beta_1 + b_2 \beta_2 + b_3 \beta_3 = c_1 \gamma_1 + c_2 \gamma_2 + c_3 \gamma_3.$$

Multipliciren wir jede der Gleichungen (1), (2), (3), zuerst mit

$\alpha_1, \alpha_2, \alpha_3$, dann mit $\beta_1, \beta_2, \beta_3$ und schliesslich mit $\gamma_1, \gamma_2, \gamma_3$ und addieren dieselben. So ergiebt sich

$$(a_1b_2c_3) x + (d_1b_2c_3) u + (e_1b_2c_3) v = 0,$$
$$(a_1b_2c_3) y + (a_1d_2c_3) u + (a_1e_2c_3) v = 0,$$
$$(a_1b_2c_3) z + (a_1b_2d_3) u + (a_1b_2e_3) v = 0.$$

Diese Gleichungen geben uns die Werte von x, y und z für *beliebige* Werte von u und v. Die Werte von x, y, z entsprechen ebenfalls für beliebige Werte von u und v den Gleichungen (4) und (5). Denn

$$(a_1b_2c_3 F_4) = - (a_2b_3c_4) F_1 + (a_1b_3c_4) F_2 - (a_1b_2c_4) F_3 + (a_1b_2c_3) F_4,$$

und die Coefficienten von x, y, z, u, v in dieser Gleichung sind respective

$$|\ abca\ |, \quad |\ abcb\ |, \quad |\ abcc\ |, \quad |\ abcd\ |, \quad |\ abce\ |,$$

welche alle null sind: die drei ersten, weil sie zwei identische Colonnen haben und die beiden letzten, weil nach unserer Hypothese die ersten Unterdeterminanten von R null sind. Mithin ist $(a_1b_2c_3 F_4) = 0$, und da F_1, F_2, F_3 null sind, so hat man

$$(a_1b_2c_3) F_4 = 0;$$

da nun $(a_1b_2c_3)$ nicht null ist, so ist $F_4 = 0$. Ebenso lässt sich beweisen, dass $F_5 = 0$ ist für beliebige Werte von u und v und für diejenigen Werte von x, y, z, die sich aus den obigen Gleichungen ergeben.

Diese Beweisführung ist eigentlich der Theorie der linearen Gleichungen entlehnt, welche wir im folgenden Kapitel behandeln werden.

Beispiel.

$$R = \begin{vmatrix} 1 & 2 & 3 & 1 & 0 \\ 3 & 5 & 8 & 2 & 1 \\ 7 & 4 & 11 & -3 & 10 \\ 6 & 5 & 11 & -1 & 7 \\ -1 & 3 & 2 & 4 & -5 \end{vmatrix}$$

ist null mit seinen Unterdeterminanten des vierten und dritten Grades; die Unterdeterminante $a_1b_2 - a_2b_1 = -1$. Folglich kann man z, u, v als beliebige Zahlen betrachten, und die Gleichungen

$$x = -z + u - 2v, \quad y = -z - u + v,$$

bestimmen die entsprechenden Werte von x und y.

C. *Eigenschaft der Unterdeterminanten einer Null-Determinante, die ebenfalls null sind.* Ist eine gewisse Zahl von Unterdeterminanten einer Null-Determinante ebenfalls null, so ergiebt sich von selbst, dass auch

(4)

— 50 —

andere Unterdeterminanten null sind. Der Kürze halber wollen wir uns mit einem Beispiel begnügen. Es seien in $R = (abcde)$,

$$E_5 = (a_1b_2c_2d_4) = 0, \quad -D_5 = (a_1b_2c_3e_4) = 0,$$

und $(a_1b_2c_3)$ von Null verschieden.

Es seien ferner

$$l = -(a_2b_3c_4), \quad m = (a_1b_3c_4), \quad n = -(a_1b_2c_4), \quad p = (a_1b_2c_3)$$

die den Elementen der vierten Colonne der Determinanten D und E entsprechenden Unterdeterminanten. Nach der zweiten Eigenschaft der Unterdeterminanten ist

$$la_1 + ma_2 + na_3 + pa_4 = 0, \quad (1)$$
$$lb_1 + mb_2 + nb_3 + pb_4 = 0, \quad (2)$$
$$lc_1 + mc_2 + nc_3 + pc_4 = 0; \quad (3)$$

und ferner, da $E_5 = 0$ und $D_5 = 0$,

$$ld_1 + md_2 + nd_3 + pd_4 = 0, \quad (4)$$
$$le_1 + me_2 + ne_3 + pe_4 = 0. \quad (5)$$

Die Unterdeterminanten, die sich in R befinden, nämlich $A_5 = (b_1c_2d_3e_4)$, $B_5 = -(a_1c_2d_3e_4)$, $C_5 = (a_1b_2d_3e_4)$, sind ebenfalls null; A_5, z. B., nach N° 20, II wegen der Gleichungen (2), (3), (4), (5). Die Relationen $A_5 = B_5 = C_5 = D_5 = E_5 = 0$, kann man abgekürzt schreiben

$$\begin{Vmatrix} a_1 & b_1 & c_1 & d_1 & e_1 \\ a_2 & b_2 & c_2 & d_2 & e_2 \\ a_3 & b_3 & c_3 & d_3 & e_3 \\ a_4 & b_4 & c_4 & d_4 & e_4 \end{Vmatrix} = 0,$$

oder

$$0 = \| abcde \| \quad \text{(Zeilen 1234).}$$

Es ergiebt sich übrigens aus diesen Relationen

$$R = | abcde | = a_5A_5 + b_5B_5 + c_5C_5 + d_5D_5 + e_5E_5 = 0.$$

2° Gesetzt $(a_1 b_2 c_3) = 0$, $(a_1 b_2 d_3) = 0$, $(a_1 b_2 e_3) = 0$, und $(a_1 b_2)$ sei nicht null. Schreiben wir $r = (a_2 b_3)$, $s = -(a_1 b_3)$, $t = (a_1 b_2)$, so ergiebt sich leicht

$$ra_1 + sa_2 + ta_3 = 0, \quad rb_1 + sb_2 + tb_3 = 0;$$
$$rc_1 + sc_2 + tc_3 = 0, \quad rd_1 + sd_2 + td_3 = 0, \quad re_1 + se_2 + te_3 = 0.$$

Alle Determinanten, die sich ergeben durch Tilgung von je zwei Colonnen aus der Tafel

$$\begin{Vmatrix} a_1 & b_1 & c_1 & d_1 & e_1 \\ a_2 & b_2 & c_2 & d_2 & e_2 \\ a_3 & b_3 & c_3 & d_3 & e_3 \end{Vmatrix},$$

sind null. Man kann das schreiben $\| abcde \|$ (Zeilen 123) $= 0$, und dieses führt offenbar zu $A_5 = B_5 = C_5 = D_5 = E_5$ und $R = 0$.

3° Gesetzt $(a_1 b_2) = 0$, $(a_1 c_2) = 0$, $(a_1 d_2) = (a_1 e_2) = 0$ und a sei nicht null. Aus
$$a_1 a_2 - a_2 a_1 = 0$$
und den vorausgesetzten Relationen
$$a_1 b_2 - a_2 b_1 = 0, \quad a_1 c_2 - a_2 c_1 = 0, \quad a_1 d_2 - a_2 d_1 = 0, \quad a_1 e_2 - a_2 e_1 = 0,$$
folgt, dass alle Determinanten, welche sich ergeben durch Tilgung von je drei Colonnen aus der Tafel
$$\left\| \begin{array}{ccccc} a_1 & b_1 & c_1 & d_1 & e_1 \\ a_2 & b_2 & c_2 & d_2 & e_2 \end{array} \right\|,$$
null sind. Man kann das schreiben: $0 = \| abcde \|$ (Zeilen 12), und dieses führt zu $R = 0$.

Uebungsaufgabe. *49. Eine symmetrische Determinante (Ueb. 25) ist, absolut genommen, dann ein vollständiges Quadrat bezüglich der Elemente einer Zeile (oder Colonne), wenn die dem auf der Hauptdiagonale gelegenen Element dieser Zeile (Colonne) correspondierende Unterdeterminante T null ist. Zum Beweis dieses Satzes bemerke man, dass für die Unterdeterminante von T $A_{rs} = A_{sr}$ ist, und dass ausserdem, weil sie den Wert Null hat, $A^2_{rs} = A_{rr} A_{ss}$. Man bildet dann die Determinante mittelst der Elemente der betreffenden Zeile und der ihr entsprechenden Unterdeterminanten, dann ferner diese vermittelst der Unterdeterminanten von T.

50. Eine hemisymmetrische Determinante (Ueb. 20, 26) von geradem Grade ist, absolut genommen, das Quadrat einer rationalen Function ihrer Elemente. Man bringe den Ausdruck $(ax + by + cz)^2$ in die Form einer hemisymmetrischen Determinante. Man beweise diesen Lehrsatz wie den obigen, indem man berücksichtigt (Ueb. 26), dass die Unterdeterminante T eines Elementes der Diagonale null ist. Die Quadratwurzel einer hemisymmetrischen Determinante heisst *Pfaffien* (französisch), *Pfaffian* (Englisch) (Cayley**), *Halbdeterminante* (deutsch) (**Scheibner**).

Diese beiden Sätze können auch auf einfache Weise mittelst des von Janni (Nr 20, A, III) angegebenen Verfahrens bewiesen werden.

51. Wenn eine hemisymmetrische Determinante $2n^{\text{ten}}$ Grades zugleich symmetrisch ist bezüglich ihrer zweiten Diagonale, so kann man sie als Quadrat einer Determinante n^{ten} Grades darstellen, indem man zu jeder q^{ten} Zeile (Colonne) ($q =$ oder $< n$) die $(2n - q + 1)^{\text{te}}$ hinzufügt (Günther**). Vergl. Ueb. 44.

**52. Die aus den Elementen A_{ik} gebildete Determinante, nämlich:
$$(A_{11}, A_{22}, ..., A_{nn})$$
wird die *adjungierte* oder *reciproke* Determinante der Determinante $(a_{11} a_{22} ... a_{nn})$ genannt; sie wird samt ihren Unterdeterminanten und den Unterdeterminanten letzterer gleichzeitig mit der ursprünglichen Determinante zu Null (n° 14, Zusatz und 20, A, III). Folglich enthält die adjungierte Determinante ihre ursprüng-

liche einmal weniger als Factor als in derselben Zeilen vorhanden sind (19. III); demnach ist die adjungirte Determinante von R gleich R^{n-1} (**Cauchy**) (Vergl. N^r 25, Ueb. 67). Die adjungirte Determinante ändert sich nicht, wenn man an die Stelle jeder Unterdeterminante A_{ik} *das Complement* $(-1)^{i+k} A_{ik}$ (S. N^r 15, Ueb. 27) von a_{ik} (N^r 9, Ueb. 15) setzt.

III. Summen und Producte von Determinanten.

21. *Abgekürzte Bezeichnung für die Determinanten.* I. Wir bezeichnen in diesem Paragraphen die Determinanten, in welchen die Indices der Colonnen durch Buchstaben ersetzt sind, mittelst dieser zwischen Striche gesetzten Buchstaben. Also :

$$| abc | = \begin{vmatrix} a_1 & b_1 & c_1 \\ a_2 & b_2 & c_2 \\ a_3 & b_3 & c_3 \end{vmatrix}.$$

Mit Hilfe dieser übrigens bereits angewandten Bezeichnung kann man die Eigenschaften I, III, IV, V für die vorige Determinante folgendermassen ausdrücken :

$$| ma, b, c | \text{ oder } | (ma)bc | = m | abc | ; \tag{1}$$

$$| abc | = - | acb | = | cab | = - | bac | = | bca | = - | cba | ; \tag{3}$$

$$| aac | = 0; \quad | abb | = 0; \text{ etc.} \tag{4}$$

$$| a + mb, b, c | \text{ oder } | (a + mb)bc | = | abc |. \tag{5}$$

II. Betrachten wir die Grundpermutation *abcde* einer bestimmten Anzahl von Buchstaben und eine beliebige andere Permutation *baedc*, so sehen wir, dass man von der Determinante $R = | abcde |$ zu $R' = | baedc |$ durch eine Anzahl von Colonnenvertauschungen gelangt, welche gleich ist der Anzahl der Elementenvertauschungen, durch welche wir die Permutation *baedc* aus der Permutation *abcde* ableiten. Je nachdem diese beiden Permutationen von derselben Classe sind oder nicht, ist diese Anzahl gerade oder ungerade, und demnach haben R und R' dasselbe Zeichen oder nicht. Die oben gegebenen Gleichungen (3) sind eine Anwendung dieser Bemerkung.

III. Betrachten wir die Determinante

$$| \beta_1 b, \alpha_2 a, \varepsilon_3 e, \delta_4 d, \gamma_5 c |,$$

in welcher alle Elemente einer Colonne mit demselben Factor multiplicirt sind, der durch den dem lateinischen Buchstaben, der die Colonne characterisirt, entsprechenden griechischen Buchstaben dargestellt ist;

hat ausserdem dieser griechische Buchstabe einen Index, der gleich dem Rang dieser Colonne ist, so ist diese Determinante gleich

$$\beta_1 \alpha_2 \varepsilon_3 \delta_4 \gamma_5 \mid baedc \mid = \pm \beta_1 \alpha_2 \varepsilon_3 \delta_4 \gamma_5 \mid abcde \mid,$$

wo das Zeichen $+$ oder $-$ gilt, je nachdem die Permutation $baedc$ oder $\beta\kappa\varepsilon\delta\gamma$ gerade oder ungerade ist.

22. Sechste Eigenschaft. *Wenn alle Elemente einer Colonne (oder Zeile) einer Determinante Polynome von m Gliedern sind, so ist diese Determinante gleich der Summe von m Determinanten, welche man dadurch erhält, dass man in der ursprünglichen Determinante successive jedes Polynom durch eines dieser Glieder ersetzt.*

Es genügt dieses Theorem für den Fall einer Determinante von neun Elementen abzuleiten. Sei zum Beispiel:

$$a_1 = a'_1 + a''_1 + a'''_1, \quad a_2 = a'_2 + a''_2 + a'''_2, \quad a_3 = a'_3 + a''_3 + a'''_3,$$

so hat man:

$$\mid a' + a'' + a''', b, c \mid = \mid (a' + a'' + a''') bc \mid =$$
$$\mid a'bc \mid + \mid a''bc \mid + \mid a'''bc \mid; \qquad (6)$$

denn die erste dieser Determinanten ist gleich:

$$(a'_1 + a''_1 + a'''_1) A_1 + (a'_2 + a''_2 + a'''_2) A_2 + (a'_3 + a''_3 + a'''_3) A_3;$$

die andern sind beziehungsweise gleich:

$$a'_1 A_1 + a'_2 A_2 + a'_3 A_3,$$
$$a''_1 A_1 + a''_2 A'_2 + a''_3 A_3,$$
$$a'''_1 A_1 + a'''_2 A_2 + a'''_3 A_3.$$

Zusatz. *Wenn die Elemente mehrerer Colonnen (oder Zeilen) Polynome sind, so kann man die im vorigen Satze enthaltene Methode der Zerlegung mehrere Male anwenden.*

Beispiel. Mittelst dieses Zusatzes findet man:

$$\mid a' + a'', b' + b'' \mid = \mid (a' + a'')(b' + b'') \mid =$$
$$\mid a', b' + b'' \mid \text{ oder } \mid a'(b' + b'') \mid + \mid a'', b' + b'' \mid \text{ oder } \mid a''(b' + b'')\mid$$
$$= \mid a'b' \mid + \mid a'b'' \mid + \mid a''b' \mid + \mid a''b'' \mid. \qquad (6')$$

Anmerkung. Die Eigenschaft V ist eine Folge der Eigenschaften I, IV, VI. Es ist möglich auch die Eigenschaft I aus VI abzuleiten, wenn man successive für m (N^r 10) eine ganze, gebrochene oder incommensurable Zahl nimmt.

Uebungsaufgabe. 53. Man zerlege:

$$\begin{vmatrix} a_1\alpha_1 + b_1\beta_1 & a_1\alpha_2 + b_1\beta_2 \\ a_2\alpha_1 + b_2\beta_1 & a_2\alpha_2 + b_2\beta_2 \end{vmatrix}, \quad \begin{vmatrix} a_1\alpha_1 + b_1\alpha_2 & a_1\beta_1 + b_1\beta_2 \\ a_2\alpha_1 + b_2\alpha_2 & a_2\beta_1 + b_2\beta_2 \end{vmatrix}.$$

54. Zerlege ebenso :

$$\begin{vmatrix} a_1\alpha_1 + b_1\beta_1 + c_1\gamma_1 & a_1\alpha_2 + b_1\beta_2 + c_1\gamma_2 \\ a_2\alpha_1 + b_2\beta_1 + c_2\gamma_1 & a_2\alpha_2 + b_2\beta_2 + c_2\gamma_2 \end{vmatrix}.$$

55. Man hat
$$|\,a + a'x + a''x^2, b, c\,| = |\,a,b,c\,| + x\,|\,a',b,c\,| + x^2\,|\,a'',b,c\,|.$$

23. *Mnemotechnische Regel für die Eigenschaften* I, IV, V, VI.
Um die Gleichungen (1), (6), (6') wiederzufinden, bemerke man, dass :

$$(ma)bc = m.abc,$$
$$(a' + a'' + a''')bc = a'bc + a''bc + a'''bc,$$
$$(a' + a'')(b' + b'') = a'b' + a'b'' + a''b' + a''b'';$$

in diesen Gleichungen geht die rechte Seite durch Ausführung der auf der linken Seite angezeigten Multiplication hervor.

Dieselbe Regel gilt für die Eigenschaft V, wenn man, zufolge der Eigenschaft (4), jedes Product, worin derselbe Buchstabe zweimal vorkommt, durch Null ersetzt. Folglich hat man :

$$|\,(a + mb)bc\,| = |\,abc\,| + m\,|\,bbc\,| = |\,abc\,| + 0 = |\,abc\,|.$$

Diese Regel setzt uns in den Stand, gewisse Determinanten sehr schnell berechnen zu können. Zum Beispiel :

$$|\,a + b, b + c, c + a\,| = |\,abc\,| + |\,bca\,| = 2\,|\,abc\,|;$$
$$|\,a - b, b - c, c - a\,| = |\,abc\,| - |\,bca\,| = 0.$$

Uebungsaufgabe. **56.** Man suche, im allgemeinen, den Wert von
$$|\,S - a,\ S - b,\ S - c, \ldots\,|,$$
wenn $S = a + b + c + \ldots$ ist.

57. Man finde den Wert von $|\,a + \alpha, b + \beta, c + \gamma\,|$. Man verallgemeinere folgende Relationen :

$$\begin{vmatrix} a_1 & b_1 & c_1 \\ a_2 & b_2 & c_2 \\ a_3 & b_3 & c_3 \end{vmatrix} + x \begin{vmatrix} b_2 & c_2 \\ b_3 & c_3 \end{vmatrix} + y \begin{vmatrix} c_3 & a_3 \\ c_1 & a_1 \end{vmatrix} + z \begin{vmatrix} a_1 & b_1 \\ a_2 & b_2 \end{vmatrix} +$$

$$+ xyc_3 + yza_1 + zxb_2 + xyz = \begin{vmatrix} a_1 + x & b_1 & c_1 \\ a_2 & b_2 + y & c_2 \\ a_3 & b_3 & c_3 + z \end{vmatrix};$$

$$\begin{vmatrix} a_1 & b_1 & c_1 \\ a_2 & b_2 & c_2 \\ a_3 & b_3 & c_3 \end{vmatrix} = \begin{vmatrix} 0 & b_1 & c_1 \\ a_2 & 0 & c_2 \\ a_3 & b_3 & 0 \end{vmatrix} + a_1 \begin{vmatrix} 0 & c_2 \\ b_3 & 0 \end{vmatrix} + b_2 \begin{vmatrix} 0 & c_1 \\ a_3 & 0 \end{vmatrix} + c_3 \begin{vmatrix} 0 & b_1 \\ a_2 & 0 \end{vmatrix} + a_1 b_2 c_3.$$

Man setze in der ersten Relation $x = y = z$; dann
$$a_2 + b_1 = 0,\quad a_3 + c_1 = 0,\quad b_3 + c_2 = 0.$$

58. Man verallgemeinere die folgende Relation (**Brioschi**) :

$$\begin{vmatrix} a_2 b_1 - a_1 b_2 & b_2 c_1 - b_1 c_2 & c_2 d_1 - c_1 d_2 \\ a_3 b_1 - a_1 b_3 & b_3 c_1 - b_1 c_3 & c_3 d_1 - c_1 d_3 \\ a_4 b_1 - a_1 b_4 & b_4 c_1 - b_1 c_4 & c_4 d_1 - c_1 d_4 \end{vmatrix} = -b_1 c_1 \Sigma \pm a_1 b_2 c_3 d_4.$$

24. Siebente Eigenschaft *Das Product zweier Determinanten k^{ten} Grades lässt sich ebenfalls als eine Determinante k^{ten} Grades darstellen, deren Elemente die Summen der Producte aus den Elementen jeder Zeile oder jeder Colonne der ersten Determinante mit den entsprechenden Elementen jeder Zeile oder jeder Colonne der zweiten Determinante sind.*
Setzt man also $p = mn$, und ist :

$$m = \begin{vmatrix} a_1 & b_1 \\ a_2 & b_2 \end{vmatrix} = \begin{vmatrix} a_1 & a_2 \\ b_1 & b_2 \end{vmatrix}, \quad n = \begin{vmatrix} \alpha_1 & \beta_1 \\ \alpha_2 & \beta_2 \end{vmatrix} = \begin{vmatrix} \alpha_1 & \alpha_2 \\ \beta_1 & \beta_2 \end{vmatrix},$$

so hat man :

$$p = \begin{vmatrix} a_1\alpha_1 + b_1\beta_1 & a_1\alpha_2 + b_1\beta_2 \\ a_2\alpha_1 + b_2\beta_1 & a_2\alpha_2 + b_2\beta_2 \end{vmatrix} = \begin{vmatrix} a_1\alpha_1 + b_1\alpha_2 & a_1\beta_1 + b_1\beta_2 \\ a_2\alpha_1 + b_2\alpha_2 & a_2\beta_1 + b_2\beta_2 \end{vmatrix}$$

$$= \begin{vmatrix} a_1\alpha_1 + a_2\beta_1 & a_1\alpha_2 + a_2\beta_2 \\ b_1\alpha_1 + b_2\beta_1 & b_1\alpha_2 + b_2\beta_2 \end{vmatrix} = \begin{vmatrix} a_1\alpha_1 + a_2\alpha_2 & a_1\beta_1 + a_2\beta_2 \\ b_1\alpha_1 + b_2\alpha_2 & b_1\beta_1 + b_2\beta_2 \end{vmatrix}.$$

Es genügt, dieses Theorem für zwei Determinanten von je neun Elementen nachzuweisen, was wir jetzt thun wollen; es seien die gegebenen Determinanten :

$$|\,abc\,|\,,\,|\,\alpha\beta\gamma\,|\,.$$

Das Product derselben ist die nach der gegebenen Regel gebildete Determinante :

$$P = |\,a\alpha_1 + b\beta_1 + c\gamma_1,\;\;a\alpha_2 + b\beta_2 + c\gamma_2,\;\;a\alpha_3 + b\beta_3 + c\gamma_3\,|\,.$$

Nach N^r 23 genügt es, um P zu finden, die Glieder des Productes :

$$P' = (a\alpha_1 + b\beta_1 + c\gamma_1)(a\alpha_2 + b\beta_2 + c\gamma_2)(a\alpha_3 + b\beta_3 + c\gamma_3)$$

zu bilden, ohne die Reihenfolge der Factoren umzukehren; diejenigen Glieder, in welchen einer der Factoren a, b, c, öfter als einmal vorkommt, gleich Null zu setzen, und endlich die noch übrigen Glieder dadurch, dass man sie zwischen Striche einschliesst, in Determinanten zu verwandeln. Nun enthält das Product P' siebenundzwanzig Glieder, welche man dadurch erhält, dass man alle *Permutationen* der Buchstaben a, b, c *mit Wiederholung* bildet und zur Seite dieser Buchstaben die entsprechenden griechischen Buchstaben, mit dem geeigneten Index versehen, setzt. Wenn man von diesen Permutationen alle diejenigen, in welchen Wiederholungen vorkommen, unterdrückt, so bleiben die sechs *Permutationen* der Buchstaben a, b, c *ohne Wiederholung*, welchen die sechs particllen Determinanten

$$\alpha_1\beta_2\gamma_3\,|\,abc\,| + \alpha_1\gamma_2\beta_3\,|\,acb\,| + \gamma_1\alpha_2\beta_3\,|\,cab\,|$$
$$+ \beta_1\alpha_2\gamma_3\,|\,bac\,| + \beta_1\gamma_2\alpha_3\,|\,bca\,| + \gamma_1\beta_2\alpha_3\,|\,cba\,|$$

entsprechen. Jede der Determinanten $|\,acb\,|$, $|\,cab\,|$, u. s. w. ist gleich $+\,|\,abc\,|$ oder $-\,|\,abc\,|$, je nachdem die entsprechende Permutation acb oder $\alpha\gamma\beta$, cab oder $\gamma\alpha\beta$, ... gerade oder ungerade ist. Also ist
$$P = |\,abc\,|\,\{\alpha_1\beta_2\gamma_3 - \alpha_1\gamma_2\beta_3 + \gamma_1\alpha_2\beta_3 - \beta_1\alpha_2\gamma_3 + \beta_1\gamma_2\alpha_3 - \gamma_1\beta_2\alpha_1\},$$
oder
$$P = |\,abc\,\|\,\alpha\beta\gamma\,|.$$

Andere Form derselben Beweisführung. Es sei $A = a_{11}\,a_{22}\,a_{33}$), $B = (b_{11}\,b_{22}\,b_{33})$, $C = (c_{11}\,c_{22}\,c_{33})$, $c_{ki} = a_{i1}\,b_{k1} + a_{i2}\,b_{k2} + a_{i3}\,b_{k3}$. C lässt sich zerlegen in 27 Determinanten von der Form

$$\begin{vmatrix} a_{1p}b_{1p} & a_{2q}b_{1q} & a_{3r}b_{1r} \\ a_{1p}b_{2p} & a_{2q}b_{2q} & a_{3r}b_{2r} \\ a_{1p}b_{3p} & a_{2q}b_{3q} & a_{3r}b_{3r} \end{vmatrix} = a_{1p}a_{2q}a_{3r} \begin{vmatrix} b_{1p} & b_{1q} & b_{1r} \\ b_{2p} & b_{2q} & b_{2r} \\ b_{3p} & b_{3q} & b_{3r} \end{vmatrix},$$

in welchen p, q, r je einen der Indices 1, 2, 3 bezeichnet. Sind zwei dieser Indices p, q, r gleich, so ist die entsprechende Determinante null; ist pqr eine gerade Permutation von 1, 2, 3, so ist das zweite Glied obiger Gleichung gleich B multipliciert mit $a_{1p}\,a_{2q}\,a_{3r}$, dem Gliede von A, welches dieser geraden Permutation entspricht; ist pqr eine ungerade Permutation von 1, 2, 3, so ist das zweite Glied der Gleichung gleich B multipliciert mit $-\,a_{1p}\,a_{2q}\,a_{3r}$, dem Gliede von A, welches dieser ungeraden Permutation entspricht. Mithin ist $C = B \times \Sigma \pm a_{11}\,a_{22}\,a_{33} = AB$.

Man sehe auch Nr 25, Ueb. 68; 29, Ueb. 80.

Uebungsaufgaben. 59. Wenn man in der Relation $p = mn$, $i = \sqrt{-1}$ und
$$a_1 = r + si, \quad -a_2 = t + ui, \quad \alpha_1 = \rho + \sigma i, \quad -\alpha_2 = \tau + vi,$$
$$b_2 = r - si, \quad b_1 = t - ui, \quad \beta_2 = \rho - \sigma i, \quad \beta_1 = \tau - vi$$
setzt, so ergiebt sich das folgende, von Euler gefundene Theorem : *Das Product zweier Summen von vier Quadraten kann auf vier verschiedene Arten die Form einer Summe von vier Quadraten annehmen.*

60. 1° Das Product zweier Zahlen von der Form
$$x^3 + y^3 + z^3 - 3xyz = \begin{vmatrix} x & y & z \\ z & x & y \\ y & z & x \end{vmatrix}$$
kann auf dieselbe Form gebracht werden. *Im allgemeinen ist das Product zweier Circulanten eine Circulante (Souillart).

2° Die folgenden Determinanten sollen jede als ein Product zweier Determinanten ausgedrückt werden :

$$\begin{vmatrix} ax_1 + cz_1 & 0 & fx_1 + gz_1 \\ ax_2 + by_2 + cz_2 & dy_2 & fx_2 + gz_2 \\ by_3 + cz_3 & dy_3 & gz_3 \end{vmatrix}, \quad \begin{vmatrix} a^2 + bc & ab & bd \\ ac & bc + de & df \\ cc & ef & de + f^2 \end{vmatrix}.$$

25. Anwendungen. I. *Flächeninhalt des Dreiecks* (Vgl. N^r 29, Beispiel). 1° Betrachten wir drei Systeme rechtwinkliger Coordinaten, von welchen das zweite denselben Ursprung hat als das erste, und mit ihm den Winkel α bildet, das dritte gleichgerichtet mit dem zweiten, aber mit einem anderen Ursprung, und seien in diesen drei Systemen:

$$(\xi_1 = 0, \eta_1 = 0; X_1 = 0, Y_1 = 0; x_1, y_1),$$
$$(\xi_2, \eta_2 = 0; X_2, Y_2; x_2, y_2),$$
$$(\xi_3, \eta_3; X_3, Y_3; x_3, y_3),$$

die Coordinaten der drei Punkte 1, 2, 3; d_{12}, d_{23}, d_{31} die Quadrate ihrer gegenseitigen Entfernungen; T der Flächeninhalt des Dreiecks 1 2 3, in absolutem Wert ausgedrückt. So hat man successive:

$$T = \xi_2 \eta_3 = \begin{vmatrix} \xi_2 & \eta_2 \\ \xi_3 & \eta_3 \end{vmatrix} = \begin{vmatrix} X_2 \cos\alpha - Y_2 \sin\alpha, & X_2 \sin\alpha + Y_2 \cos\alpha \\ X_3 \cos\alpha - Y_3 \sin\alpha, & X_3 \sin\alpha + Y_3 \cos\alpha \end{vmatrix}$$

$$= \begin{vmatrix} X_2 & Y_2 \\ X_3 & Y_3 \end{vmatrix} \begin{vmatrix} \cos\alpha & -\sin\alpha \\ \sin\alpha & \cos\alpha \end{vmatrix} = \begin{vmatrix} X_2 & Y_2 \\ X_3 & Y_3 \end{vmatrix} = \begin{vmatrix} x_2 - x_1 & y_2 - y_1 \\ x_3 - x_1 & y_3 - y_1 \end{vmatrix}$$

$$= \begin{vmatrix} 1 & 0 & 0 \\ 1 & x_2-x_1 & y_2-y_1 \\ 1 & x_3-x_1 & y_3-y_1 \end{vmatrix} = \begin{vmatrix} 1 & x_1 & y_1 \\ 1 & x_2 & y_2 \\ 1 & x_3 & y_3 \end{vmatrix}.$$

2° Sei noch:

$$2T = \begin{vmatrix} 1 & 0 & 0 & 0 \\ 0 & 1 & x_1 & y_1 \\ 0 & 1 & x_2 & y_2 \\ 0 & 1 & x_3 & y_3 \end{vmatrix}, \quad -2T = \begin{vmatrix} 0 & 1 & 0 & 0 \\ 1 & 0 & x_1 & y_1 \\ 1 & 0 & x_2 & y_2 \\ 1 & 0 & x_3 & y_3 \end{vmatrix}.$$

Durch Multiplication dieser beiden Ausdrücke ergiebt sich:

$$-4T^2 = \begin{vmatrix} 0 & 1 & 1 & 1 \\ 1 & x_1^2 + y_1^2 & x_1 x_2 + y_1 y_2 & x_1 x_3 + y_1 y_3 \\ 1 & x_1 x_2 + y_1 y_2 & x_2^2 + y_2^2 & x_2 x_3 + y_2 y_3 \\ 1 & x_1 x_3 + y_1 y_3 & x_2 x_3 + y_2 y_3 & x_3^2 + x_3^2 \end{vmatrix}.$$

Multiplicieren wir die drei letzten Zeilen mit -2, dividieren wir die erste Colonne durch -2, und addieren wir die erste Colonne und die erste Zeile, nachdem wir sie successive mit $(x_1^2 + y_1^2), (x_2^2 + y_2^2), (x_3^2 + y_3^2)$ multipliciert haben, beziehungsweise zu den drei letzten Colonnen und zu den drei letzten Zeilen, so kommt:

$$-16T^2 = \begin{vmatrix} 0 & 1 & 1 & 1 \\ 1 & 0 & d_{12} & d_{13} \\ 1 & d_{12} & 0 & d_{23} \\ 1 & d_{13} & d_{23} & 0 \end{vmatrix},$$

und hieraus ergiebt sich die bekannte Formel
$$T^2 = p(p-a)(p-b)(p-c),$$
wenn $a^2 = d_{23}, b^2 = d_{31}, c^2 = d_{12}, 2p = a+b+c$ (s. N^r 10, 19, Ueb. 48).

3° Setzt man diese Determinante gleich Null, so ergiebt sich die Bedingung dafür, dass die drei Puncte 1, 2, 3 in einer geraden Linie liegen.

4° Man findet ebenso, für zwei Dreiecke $A_1 A_2 A_3$, $A'_1 A'_2 A'_3$, von welchen die Ecken zu Coordinaten $(x_1, y_1), (x_2, y_2), (x_3, y_3)$, und $(x'_1, y'_1), (x'_2, y'_2), (x'_3, y'_3)$ haben und die Flächeninhalte T und T′ sind,

$$-16TT' = \begin{vmatrix} 1 & 0 & 0 & 0 \\ 0 & 1 & x_1 & y_1 \\ 0 & 1 & x_2 & y_2 \\ 0 & 1 & x_3 & y_3 \end{vmatrix} \begin{vmatrix} 0 & 1 & 0 & 0 \\ 1 & 0 & x'_1 & y'_1 \\ 1 & 0 & x'_2 & y'_2 \\ 1 & 0 & x'_3 & y'_3 \end{vmatrix} = \begin{vmatrix} 0 & 1 & 1 & 1 \\ 1 & d_{11} & d_{12} & d_{13} \\ 1 & d_{21} & d_{22} & d_{23} \\ 1 & d_{31} & d_{32} & d_{33} \end{vmatrix}$$

d_{rs} bezeichnet das Quadrat von $A_r A'_s$.

II. *Halbmesser des einem Dreieck umgeschriebenen Kreises.* 1° Nimmt man den Ursprung im Mittelpunct des Kreises an, so ist:

$$-4T^2 R^2 = \begin{vmatrix} R & x_1 & y_1 \\ R & x_2 & y_2 \\ R & x_3 & y_3 \end{vmatrix} \begin{vmatrix} -R & x_1 & y_1 \\ -R & x_2 & y_2 \\ -R & x_3 & y_3 \end{vmatrix} = -\frac{1}{8} \begin{vmatrix} 0 & d_{12} & d_{13} \\ d_{12} & 0 & d_{23} \\ d_{13} & d_{23} & 0 \end{vmatrix};$$

woraus folgt, wenn a, b, c die Seiten des Dreiecks bezeichnen:
$$\pm 4RT = abc.$$

2° Für zwei eingeschriebene Dreiecke, findet man (wir gebrauchen die Bezeichnungen von I, 4°)

$$32TT'R^2 = \begin{vmatrix} d_{11} & d_{12} & d_{13} \\ d_{21} & d_{22} & d_{23} \\ d_{31} & d_{32} & d_{33} \end{vmatrix}.$$

III. Das Product der Gleichungen in λ:

$$\begin{vmatrix} a-\lambda & h & g \\ h & b-\lambda & f \\ g & f & c-\lambda \end{vmatrix} = 0, \quad \begin{vmatrix} a+\lambda & h & g \\ h & b+\lambda & f \\ g & f & c+\lambda \end{vmatrix} = 0.$$

ist eine Gleichung von derselben Form in λ^2, welche man schreiben kann:
$$\lambda^6 - L\lambda^4 + M\lambda^2 - N = 0;$$

wo L, M, N positive Grössen sind, wovon man sich leicht überzeugen kann. Es ist klar, dass diese Gleichung keinen negativen Wert für λ^2 giebt. Hieraus schliesst man, dass die beiden ersten Gleichungen keine imaginären Wurzeln von der Form $s\sqrt{-1}$ haben; ferner, dass sie keine imaginären Wurzeln von der Form $r + s\sqrt{-1}$ haben können, wie man sieht, wenn man a, b, c durch $a-r, b-r, c-r$ ersetzt (**Sylvester**).

Uebungsaufgaben. 61. Die für das Dreieck angegebene Formeln soll man auf das Tetraeder ausdehnen.

*62. Die Lagrange'sche Relation zwischen den gegenseitigen Abständen von vier in einer Ebene gelegenen Puncten ergiebt sich nach **Cayley**, durch Multiplication der Null-Determinanten

$$\begin{vmatrix} 1 & 0 & 0 & 0 & 0 \\ x_1^2+y_1^2 & -2x_1 & -2y_1 & 1 & 0 \\ \cdots & \cdots & \cdots & \cdots & \cdots \\ x_4^2+y_4^2 & -2x_4 & -2y_4 & 1 & 0 \end{vmatrix} \begin{vmatrix} 0 & 0 & 0 & 1 & 0 \\ 1 & x_1 & y_1 & x_1^2+y_1^2 & 0 \\ \cdots & \cdots & \cdots & \cdots & \cdots \\ 1 & x_4 & y_4 & x_4^2+y_4^2 & 0 \end{vmatrix}.$$

Aehnlicherweise erhält man eine Relation zwischen den Abständen $A_r A_s' = \sqrt{d_{rs}}$ der Puncte von zwei Gruppen $(A_1, A_2, A_3, A_4), (A_1', A_2', A_3', A_4')$ in derselben Ebene; zwischen den gegenseitigen Abständen von fünf Puncten im Raume oder zwischen den Abständen $A_r A_s'$ der Puncte von zwei Gruppen $(A_1, A_2, A_3, A_4, A_5)$, $(A_1', A_2', A_3', A_4', A_5')$, im Raume.

Ersetzt man x_r, y_r durch $(x_r : a, y_r : b)$ in der Lagrange'schen Relation und liegen die Puncte A_1, A_2, A_3, A_4 auf der Ellipse $\frac{x^2}{a^2} + \frac{y^2}{b^2} = 1$, so findet man:

$$\begin{vmatrix} 0 & 1 & 1 & 1 & 1 \\ 1 & 0 & \lambda_{12} & \lambda_{13} & \lambda_{14} \\ 1 & \lambda_{21} & 0 & \lambda_{23} & \lambda_{24} \\ 1 & \lambda_{31} & \lambda_{32} & 0 & \lambda_{34} \\ 1 & \lambda_{41} & \lambda_{42} & \lambda_{43} & 0 \end{vmatrix} = 0, \quad \lambda_{rs} D_{rs} = d_{rs},$$

wo $d_{rs} = (A_r A_s)^2$, $\lambda_{rs} D_{rs} = d_{rs}$ und D_{rs} die Länge des zu $A_r A_s$ parallelen Durchmessers bezeichnet (**Brioschi**).

**63. Unterdrückt man eine Zeile und eine Colonne in den Determinanten, welche, gleich Null gesetzt, die in Aufgabe 62 geforderten Bedingungen ausdrücken, so findet man die Bedingung, unter welcher vier Puncte auf einem Kreis, oder fünf Puncte auf einer Kugel liegen (Vergl. Nr 14, Ueb. 22).

**64. Man erhält die Relation zwischen den vier Puncte auf der Einheitskugel verbindenden Bögen, indem man das Quadrat der Null-Determinante $|\cos a, \cos b, \cos c, 0|$ bildet. Hier bezeichnen $\cos a_i, \cos b_i, \cos c_i, (i = 1, 2, 3, 4)$ die Coordinaten der vier Puncte.

***65. Die Fläche T eines Dreiecks von den Seiten a, b, c, welcher einer Ellipse mit den Axen 2A, 2B eingeschrieben ist, ergiebt sich aus der Formel:

$$4T \cdot a'b'c' = AB\, abc,$$

wo $2a', 2b', 2c'$ die zu a, b, c parallelen Durchmesser bezeichnen (**Joachimsthal**). Man gelangt zu diesem Resultate durch Multiplication der Determinanten

$$\frac{2T}{AB} = \begin{vmatrix} \frac{x}{A}, & \frac{x}{B}, & 1 \end{vmatrix}, \quad -\frac{2T}{AB} = \begin{vmatrix} \frac{x}{A}, & \frac{y}{B}, & -1 \end{vmatrix}.$$

So kann man auch das Product von zwei verschiedenen derselben Ellipse eingeschriebenen Dreiecken erhalten. Auch kann man ähnlicherweise die Fläche eines der Ellipse umgeschriebenen oder conjugierten Dreiecks ausdrücken (**J. Neuberg**).

Die Fläche eines der Parabel oder gleichseitigen Hyperbel eingeschriebenen Dreiecks kann man aus dem Satze von Cauchy (N^r 19, 2ter Beispiel, 1°) ableiten.

66. Man finde die Theoreme in Ueb. 16 der Einleitung und in N^r 43, Ueb. 58, durch Multiplication zweier Determinanten.

67. I. Die Determinante $\rho = |\ A, B, C, \ldots\ |$, deren Elemente die Unterdeterminanten von $R = |\ a, b, c, \ldots\ |$ sind, wird die adjungierte Determinante von R genannt (s. 20, Ueb. 52). Besteht ρ aus n^2 Elementen, so hat man $R\rho = R^n$, $\rho = R^{n-1}$; folglich $\rho = 0$, wenn $R = 0$.

*II. Die Unterdeterminanten von ρ haben analoge Eigenschaften (Vgl. N^r 29, Ueb. 79) (**Cauchy**). Wenn $(a_1 b_2 c_3 d_4 e_5) = \Delta$, so hat man die folgenden Relationen :

$$(A_1 B_2 C_3 D_4 E_5) = \Delta^4, \quad (B_2 C_3 D_4 E_5) = a_1 \Delta^3, \quad (C_3 D_4 E_5) = (a_1 b_2)\Delta^2,$$
$$(D_4 E_5) = (a_1 b_2 c_3)\Delta, \quad E_5 = (a_1 b_2 c_3 d_4).$$

Man verallgemeinere die folgende, von **Studnička** gegebene Relation :

$$\begin{vmatrix} A_1 & D_1 \\ A_4 & D_4 \end{vmatrix} \text{oder} \begin{vmatrix} A_1 & B_1 & C_1 & D_1 \\ 0 & 1 & 0 & 0 \\ 0 & 0 & 1 & 0 \\ A_4 & B_4 & C_4 & D_4 \end{vmatrix} \times \begin{vmatrix} a_1 & b_1 & c_1 & d_1 \\ a_2 & b_2 & c_2 & d_2 \\ a_3 & b_3 & c_3 & d_3 \\ a_4 & b_4 & c_4 & d_4 \end{vmatrix} =$$

$$R^2 \times \begin{vmatrix} 1 & b_1 & c_1 & 0 \\ 0 & b_2 & c_2 & 0 \\ 0 & b_3 & c_3 & 0 \\ 0 & b_4 & c_4 & 1 \end{vmatrix} \text{oder} \begin{vmatrix} b_2 & c_2 \\ b_3 & c_3 \end{vmatrix}.$$

Die analoge Relation für eine Determinante n^{ten} Grades kann zur Berechnung derselben mittelst vier Unterdeterminanten $(n-1)^{ten}$ Grades, und einer Unterdeterminante $(n-2)^{ten}$ Grades dienen. Setzt man $A_1 = [a_1]$, $D_1 = [d_1]$, u. s. w $b_2 c_3 - b_3 c_2 = [a_1 d_1]$, so erhält voriger Lehrsatz den Ausdruck

$$\begin{vmatrix} [a_1] & [d_1] \\ [a_4] & [d_4] \end{vmatrix} = R \cdot [a_1 d_4].$$

Dieser Satz findet eine sehr nützliche Anwendung in der Theorie der kleinsten Quadrate, um den Ausdruck des Quadrates des mittleren Fehlers jeder Unbekannten umzugestalten (**J. W. L. Glaisher**). Im Falle, wo $D_1 = 0$ und $d_1 = x$, $d_2 = y$, $d_3 = z$, $a_4 = X$, $b_4 = Y$, $c_4 = Z$ ist, findet man leicht mit Hülfe vorstehenden Satzes, dass R ein Product von der Form $(mx + ny + pz)\,(MX + NY + PZ)$ ist (Vgl. Ueb. 49, 50) (**Lindelöf**).

**III. Das Product zweier adjungierten Determinanten ist die adjungierte Determinante des Productes der beiden ursprünglichen Determinanten (Vgl. N^r 27, Ueb. 74).

68. Man verallgemeinere folgende Relation :

$$|ab|\,|\,|\alpha\beta| = \begin{vmatrix} a_1 & b_1 & 0 & 0 \\ a_2 & b_2 & 0 & 0 \\ * & * & \alpha_1 & \beta_1 \\ * & * & \alpha_2 & \beta_2 \end{vmatrix} = \begin{vmatrix} a_1 & b_1 & 0 & 0 \\ a_2 & b_2 & 0 & 0 \\ -1 & 0 & \alpha_1 & \beta_1 \\ 0 & -1 & \alpha_2 & \beta_2 \end{vmatrix} =$$

$$= \begin{vmatrix} a_1 & b_1 & a_1\alpha_1 + b_1\alpha_2 & a_1\beta_1 + b_1\beta_2 \\ a_2 & b_2 & a_2\alpha_1 + b_2\alpha_2 & a_2\beta_1 + b_2\beta_2 \\ -1 & 0, & 0 & 0 \\ 0 & -1, & 0 & 0 \end{vmatrix},$$

und leite daraus die Multiplicationsregel der Determinanten ab (**Sardi** und **P. Gordan**) (Vgl. N^r 17, Ueb. 33, Zusatz). **Die erste Form des Products kann die Gestalt einer cyclosymmetrischen Determinante annehmen (Ueb. 44) (Muir).

26. Zusätze. I. Das Product einer beliebigen Anzahl von Determinanten ist eine Determinante, deren Grad den höchsten Grad k der gegebenen Determinanten nicht übersteigt, und deren Elemente ganze rationale Functionen der gegebenen Elemente sind. Denn man kann alle diese Determinanten in die Form von Determinanten k^{ten} Grades bringen (N^r 17, III) und alsdann die erste mit der zweiten, das enstandene Product mit der dritten und so fort multiplicieren. Man findet also auf diese Weise :

$$|\,abc\,\|\,pq\,| = |\,a,\ bp_1 + cq_1,\ bp_2 + cq_2\,|.$$

II. *Das Quadrat einer Determinante ist eine symmetrische Determinante.* So ist $|abc|^2$ gleich

$$\begin{vmatrix} a_1^2 + b_1^2 + c_1^2 & a_1 a_2 + b_1 b_2 + c_1 c_2 & a_1 a_3 + b_1 b_3 + c_1 c_3 \\ a_1 a_2 + b_1 b_2 + c_1 c_2 & a_2^2 + b_2^2 + c_2^2 & a_2 a_3 + b_2 b_3 + c_2 c_3 \\ a_1 a_3 + b_1 b_3 + c_1 c_3 & a_2 a_3 + b_2 b_3 + c_2 c_3 & a_3^2 + b_3^2 + c_3^2 \end{vmatrix}.$$

Um diese Eigenschaft allgemein zu beweisen, genügt es, in der Determinante

$$\Sigma \pm c_{11} c_{22} \ldots c_{nn} = (\Sigma \pm a_{11} a_{22} \ldots a_{nn})^2$$

den Wert zweier Elemente c_{ik}, c_{ki} zu berechnen.

III. *Das Quadrat einer Determinante kann man unter der Form einer schiefsymmetrischen Determinante schreiben* (**Brioschi**). Dieser Satz ergiebt sich durch Multiplication der Determinanten

$$|\,a, b, c, d, e, f \ldots \,| \times |\,b, -a, d, -c, f, -e, \ldots \,|.$$

****Muir** hat folgenden Beweis angegeben : Man schreibe unter der Form einer cyclosymmetrischen Determinante mit leerer Diagonale das

Product einer Determinante mit derselben Determinante, wo man die Zeilen mit den Colonnen umgetauscht und die Vorzeichen aller Elemente geändert hat (Vgl. Ueb. 44 und 68); alsdann ändere man die Vorzeichen der Elemente der zweiten Hälfte der Zeilen in der cyclosymmetrischen Determinante.

IV. Jede Determinante ist eine Halbdeterminante (Ueb. 50).

Uebungsaufgaben. 69. Setzt man $s_m = a^m + b^m + c^m + \cdots + l^m$, so ist für $N = n + 1$ Grössen $a, b, c, \ldots, l$:

$$\begin{vmatrix} 1 & a & a^2 & \cdots & a^n \\ 1 & b & b^2 & \cdots & b^n \\ \cdot & \cdot & \cdot & \cdots & \cdot \\ 1 & l & l^2 & \cdots & l^n \end{vmatrix}^2 = \begin{vmatrix} s_0 & s_1 & s_2 & \cdots & s_n \\ s_1 & s_2 & s_3 & \cdots & s_{n+1} \\ \cdot & \cdot & \cdot & \cdots & \cdot \\ s_n & s_{n+1} & s_{n+2} & \cdots & s_{2n} \end{vmatrix}.$$

70. 1° Wenn (a_1, b_1, c_1), (a_2, b_2, c_2), (a_3, b_3, c_3) die Cosinus der Winkel sind, welche drei von demselben Puncte ausgehende Gerade mit drei rechtwinkligen Axen bilden, und wenn λ, μ, ν die von diesen Geraden eingeschlossenen Winkel bezeichnen, so hat man :

$$|abc|^2 = 1 - \cos^2\lambda - \cos^2\mu - \cos^2\nu + 2\cos\lambda\cos\mu\cos\nu.$$

2° Man finde das Product $|abc| \cdot |a'b'c'|$ zweier analogen Determinanten.

71. Jede Potenz einer symmetrischen Determinante ist wieder eine symmetrische Determinante.

27. *Verallgemeinerung der Eigenschaft* VII. I. Eine aus drei Zeilen bestehende Determinante wie

$$|ax_1 + b\beta_1, \; ax_2 + b\beta_2, \; ax_3 + b\beta_3|.$$

ist Null, denn sie ist gleich dem Producte $|abc| \cdot |\alpha\beta 0|$ (Vgl. Ueb. 62 und 64).

II Die aus drei Zeilen bestehende Determinante

$$|a\alpha_1 + b\beta_1 + c\gamma_1 + d\delta_1, \; a\alpha_2 + b\beta_2 + c\gamma_2 + d\delta_2, \; a\alpha_3 + b\beta_3 + c\gamma_3 + d\delta_3|$$

ist gleich der Summe der Producte der particllen Determinanten, welche den Combinationen ohne Wiederholung zu je drei und drei der vier Buchstaben $abcd$, $\alpha\beta\gamma\delta$ entsprechen (Vgl. Ueb. 54).

Man bezeichnet oft die den vorstehenden analogen Determinanten folgenderweise :

$$\left|\begin{matrix} a_1 & b_1 \\ a_2 & b_2 \\ a_3 & b_3 \end{matrix}\right| \times \left\|\begin{matrix} \alpha_1 & \beta_1 \\ \alpha_2 & \beta_2 \\ \alpha_3 & \beta_3 \end{matrix}\right\|, \quad \left\|\begin{matrix} a_1 & b_1 & c_1 & d_1 \\ a_2 & b_2 & c_2 & d_2 \\ a_3 & b_3 & c_3 & d_3 \end{matrix}\right\| \times \left\|\begin{matrix} \alpha_1 & \beta_1 & \gamma_1 & \delta_1 \\ \alpha_2 & \beta_2 & \gamma_2 & \delta_2 \\ \alpha_3 & \beta_3 & \gamma_3 & \delta_3 \end{matrix}\right\|.$$

Die zwischen die zwei Striche geschriebenen Schemata nennt man *unvollständige* oder *rechtwinklige Determinanten*; sie haben, für sich allein genommen, keine Bedeutung. Man schreibt auch, wie schon gesagt (N^r 20),

$$\left\| \begin{array}{cccc} a_1 & b_1 & c_1 & d_1 \\ a_2 & b_2 & c_2 & d_2 \\ a_3 & b_3 & c_3 & d_3 \end{array} \right\| = \| abcd \| \text{ (Zeilen 123)} = 0,$$

um anzudeuten, dass jede der mit drei Colonnen des Schemas gebildeten Determinante null ist.

Uebungsaufgaben. **72.** *Identität von Lagrange.* Man verallgemeinere die Relation

$$\left| \begin{array}{cc} a_1^2+b_1^2+c_1^2 & a_1a_2+b_1b_2+c_1c_2 \\ a_1a_2+b_1b_2+c_1c_2 & a_2^2+b_2^2+c_2^2 \end{array} \right| = \left|\begin{array}{cc}a_1 & b_1 \\ a_2 & b_2\end{array}\right|^2 + \left|\begin{array}{cc}b_1 & c_1 \\ b_2 & c_2\end{array}\right|^2 + \left|\begin{array}{cc}c_1 & a_1 \\ c_2 & a_2\end{array}\right|^2.$$

Setzt man in dieser Gleichheit $a_1 = m$, $b_1 = n$, $c_1 = p$, $a_2 = mx + m'$, $b = nx + n'$, $c_2 = px + p'$, so findet man unmittelbar den Wert von x für welchen $S = a_2^2 + b_2^2 + c_2^2$ ein Minimum wird. Wenn $a_2 = mx + m'y + m''$, $b_2 = nx + n'y + n''$, $c_2 = px + p'y + p''$, $a_1 = np' - n'p$, $b_1 = pm' - p'm$, $c_1 = mn' - m'n$, so findet man das Minimum von S (**Hermite**).

*73. Man verallgemeinere die Ueb. 69 für $N > n + 1$.

74 1° Ist $(a_{11}a_{22}a_{33})(b_{11}b_{22}b_{33}) = (c_{11}c_{22}c_{33})$, so sind die Relationen zwischen den Unterdeterminanten A, B, C, mit den zwischen den Elementen bestehenden identisch, wenn man die grossen Buchstaben an die Stelle der kleinen treten lässt. Dieses Theorem ist richtig für zwei beliebige Determinanten (Cauchy**). (Vgl. N^r 25, Ueb. 67, III).

2° *Gesetz der algebraischen Complemente.* Aus 67, II leitet man einen allgemeineren Satz ab: Besteht eine identische Relation zwischen gewissen Unterdeterminanten einer oder mehrerer Determinanten, oder zwischen diesen Determinanten und ihren Unterdeterminanten, so kann man jede Unterdeterminante durch ihr algebraisches Complement (N^r 15, Ueb. 27) multipliciert mit einer geeigneten Potenz der entsprechenden Determinante ersetzen (**Cayley**). Zum Beispiel, aus der Gleichheit

$$(a_1d_2e_3) = e_3(a_1d_2) - e_2(a_1d_3) + e_1(a_2d_3)$$

schliesst man:

$$(b_3e_4)(a_1b_2c_3d_1e_5) = (a_1b_2c_3d_4)(b_3c_4e_5) - (a_1b_3c_4d_3)(b_3c_4e_2) + (a_2b_3c_4d_5)(b_3c_1e_4).$$

Der Beweis dieses allgemeinen Theorems folgt aus den zwei Bemerkungen: a) Die gegebene Relation besteht identisch, wenn man die gegebenen Determinanten durch ihre adjungierten ersezt. b) Eine Unterdeterminante einer adjungierten Determinante kann man ersetzen durch das Product einer Potenz dieser Determinante mit einer Unterdeterminante der ursprünglichen Determinante (Ueb. 67, II).

3° Da jede Determinante als Unterdeterminante einer höheren Determinante angesehen werden kann, so giebt jede Identität A zwischen Determinante und deren Unterdeterminanten eine neue Identität C zwischen den Unterdeterminanten von höheren Determinanten Δ; denn aus A leitet man eine Identität B nach dem Gezetze der algebraischen Complemente ab; dann kann nach demselben Gesetze aus B eine Identität C abgeleitet werden, indem man die in B auftretenden Determinanten und Unterdeterminanten als Unterdeterminanten höherer Determinanten Δ auffasst (**Muir**).

KAPITEL III.

ANWENDUNGEN.

I. Auflösung der linearen Gleichungen.

28. *Ueber die Bedingungen, welche notwendig und hinreichend sind, damit lineare Relationen zwischen Functionen ersten Grades bestehen.* Betrachten wir zum Beispiele die Functionen $F_i = a_i x + b_i y + c_i z + d_i t - e_i$ $(i = 1, 2, 3, 4, 5)$.

I. *Notwendige Bedingungen.* 1° Wir nehmen zuerst an, es bestehe für alle Werte von x, y, z, t die Gleichung

$$F_5 = m F_1 + n F_2 + p F_3 + q F_4,$$

so dass

$$a_5 = m a_1 + n a_2 + p a_3 + q a_4, \quad b_5 = m b_1 + n b_2 + p b_3 + q b_4, \text{ etc.} \quad (c)$$

In diesem Falle hat man $|abcde| = 0$, denn die fünfte Zeile dieser Determinante ist gleich der Summe der vier ersten, mit m, n, p, q multiplicierten Zeilen.

2° Hat man für alle Werte von x, y, z, t die Gleichung $F_4 = mF_1 + nF_2 + pF_3$, so findet man die Relationen

$$|abcd| = 0, \; |abce| = 0, \; |abde| = 0, \; |acde| = 0, \; |bcde| = 0,$$

was man kürzer schreiben kann (N° 20) $0 = \|abcde\|$ Zeilen (1234).

3° Wenn $F_3 = mF_1 + nF_2$, so hat man $0 = \|abcde\|$ (Zeilen 123).

4° Zuletzt, wenn $F_2 = mF_1$, so kann man setzen $0 = \|abcde\|$ (Zeilen 12).

II. *Hinreichende Bedingungen.* 1° Wir nehmen an $|abcde| = 0$ und $(a_1 b_2 c_3 d_4)$ verschieden von Null. Dann hat man für alle Werte von x, y, z, t:

$$|abcdF| = |abcda|x + |abcdb|y + |abcdc|z + |abcdd|t - |abcde| = 0;$$

also, wenn man $|abcdF|$ nach den Elementen der letzten Colonne ordnet:

$$|abcdF| = (a_2 b_3 c_4 d_5) F_1 - (a_1 b_3 c_4 d_5) F_2 + (a_1 b_2 c_4 d_5) F_3$$
$$- (a_1 b_2 c_3 d_5) F_4 + (a_1 b_2 c_3 d_4) F_5 = 0.$$

Wenn man jetzt durch die von Null verschiedene Determinante $(a_1 b_2 c_3 d_4)$ dividiert, erhält man für F_5 einen Wert von der Form $mF_1 + nF_2 + pF_3 + qF_4$. Keine lineare Relation besteht zwischen den Functionen F_1, F_2, F_3, F_4, sonst hätte man nach I, 2° : $(a_1 b_2 c_3 d_4) = 0$.

2°. Angenommen, dass $|abcd| = 0$, $|abce| = 0$, $(a_1b_2c_3)$ verschieden von Null ist, so ist der Ausdruck $|abcF| = 0$; hieraus folgert man die Identität $F_4 = mF_1 + nF_2 + pF_3$, aber es besteht keine lineare Relation zwischen F_1, F_2, F_3. Ueberdies ist nach I, 2° $0 = \|abcde\|$ (Zeilen 1234).

3° Wenn $|abc| = 0$, $|abd| = 0$, $|abe| = 0$, (a_1b_2) verschieden von Null ist, so beweist man, dass $F_3 = mF_1 + nF_2$, $0 = \|abcde\|$ (Zeilen 123)

4° Zuletzt, wenn $|ab| = 0$, $|ac| = 0$, $|ad| = 0$, $|ae| = 0$, a_1 verschieden von Null ist, so hat man $F_2 = mF_1$, $0 = \|abcde\|$ (Zeilen 1,2).

Um diese reciproken Sätze zu beweisen, kann man sich auch auf die Theoreme der N° 20 beziehen. Zum Beispiele sieht man leicht, dass die Hypothesen von II, 1° mit den Gleichungen (c) übereinkommen, und letztere geben unmittelbar $F_5 = mF_1 + nF_2 + pF_3 + qF_4$.

29. *Auflösung der linearen Gleichungen.* **Allgemeiner Fall**: *Die Determinante der Coefficienten der Unbekannten ist von Null verschieden.* I. *Auflösung.* Es genügt vier Gleichungen zu betrachten:

$$F_1 = 0, \text{ oder } a_1x + b_1y + c_1z + d_1t = e_1, \quad (1_1)$$
$$F_2 = 0, \text{ oder } a_2x + b_2y + c_2z + d_2t = e_2, \quad (1_2)$$
$$F_3 = 0, \text{ oder } a_3x + b_3y + c_3z + d_3t = e_3, \quad (1_3)$$
$$F_4 = 0, \text{ oder } a_4x + b_4y + c_4z + d_4t = e_4. \quad (1_4)$$

Wir bezeichnen mit $A_1, B_1, \ldots, D_1$ die Unterdeterminanten der Determinante $|abcd| = R$, und setzen R verschieden von 0 voraus, so dass F_1, F_2, F_3, F_4 durch keine lineare Relation verbunden sind (N° 28). In diesem Falle multiplicieren wir die Gleichungen (1) bezüglich mit A_1, A_2, A_3, A_4 und addieren die Producte; so multiplicieren wir auch mit B_1, B_2, B_3, B_4 und addieren die Resultate; u. s. w. Gemäss den beiden Eigenschaften der Unterdeterminanten bekommen wir, nach Division durch R:

$$x = \frac{e_1A_1 + e_2A_2 + e_3A_3 + e_4A_4}{a_1A_1 + a_2A_2 + a_3A_3 + a_4A_4} = \frac{|ebcd|}{|abcd|} = \frac{R_1}{R}, \quad (2_1)$$

$$y = \frac{e_1B_1 + e_2B_2 + e_3B_3 + e_4B_4}{b_1B_1 + b_2B_2 + b_3B_3 + b_4B_4} = \frac{|aecd|}{|abcd|} = \frac{R_2}{R}, \quad (2_2)$$

$$z = \frac{e_1C_1 + e_2C_2 + e_3C_3 + e_4C_4}{c_1C_1 + c_2C_2 + c_3C_3 + c_4C_4} = \frac{|abed|}{|abcd|} = \frac{R_3}{R}, \quad (2_3)$$

$$t = \frac{e_1D_1 + e_2D_2 + e_3D_3 + e_4D_4}{d_1D_1 + d_2D_2 + d_3D_3 + d_4D_4} = \frac{|abce|}{|abcd|} = \frac{R_4}{R}. \quad (2_4)$$

Hier nennen wir R_1, R_2, R_3, R_4 die Determinanten, welche sich aus R ableiten durch Einsetzung der zweiten Glieder (e_1, e_2, e_3, e_4) der gegebenen Gleichungen an Stelle der $1^{ten}, 2^{ten}, 3^{ten}, 4^{ten}$ Colonne von R. Aus dem Vorstehenden ergiebt sich, dass jedes Wertsystem von x, y, z, t, welches den Gleichungen (1) genügt, auch die Gleichungen (2) erfüllt.

Wie **Gauss** (s. *Disquisitiones*, 37, 4° Note) bemerkte, muss man, um die Auflösung des Systems (1) zu vervollständigen, noch beweisen, *dass umgekehrt die Werte von x, y, z, t, welche den Gleichungen* (2) *genügen, auch den Gleichungen* (1) *genügen*. Substituieren wir also die Werte (2) in das System (1), zum Beispiele in (1_1), so wird das erste Glied

$$(a_1 R_1 + b_1 R_2 + c_1 R_3 + d_1 R_4) : R.$$

Der Zähler dieses Bruches lässt sich schreiben:

$$a_1(e_1 A_1 + e_2 A_2 + e_3 A_3 + e_4 A_4) + b_1(e_1 B_1 + e_2 B_2 + e_3 B_3 + e_4 B_4)$$
$$+ c_1(e_1 C_1 + e_2 C_2 + e_3 C_3 + e_4 C_4) + d_1(e_1 D_1 + e_2 D_2 + e_3 D_3 + e_4 D_4),$$

oder geordnet nach e_1, e_2, e_3, e_4:

$$e_1(a_1 A_1 + b_1 B_1 + c_1 C_1 + d_1 D_1) + e_2(a_1 A_2 + b_1 B_2 + c_1 C_2 + d_1 D_2)$$
$$+ e_3(a_1 A_3 + b_1 B_3 + c_1 C_3 + d_1 D_3) + e_4(a_1 A_4 + b_1 B_4 + c_1 C_4 + d_1 D_4),$$

oder einfacher $e_1 R$ (nach den beiden Eigenschaften der Unterdeterminanten). Man sieht, dass das erste Glied von (1_1), nach Einführung der Werte (2), sich auf $e_1 R : R = e_1$ reduciert, w. z. b. w.

II. *Bedingungen, damit eine fünfte Gleichung*, $F_5 = 0$, *die Werte* (2) *zulasse*. Wenn die Gleichung: $(1_5)\ a_5 x + b_5 y + c_5 z + d_5 y - e_5 = 0$, mit $(1_1), (1_2), (1_3), (1_4)$ vereinbar sein soll, so ist nach dem Vorstehenden erforderlich und hinreichend:

$$a_5 \frac{R_1}{R} + b_5 \frac{R_2}{R} + c_5 \frac{R_3}{R} + d_5 \frac{R_4}{R} - e_5 = 0,$$

$a_5\ |\ ebcd\ | + b_5\ |\ aecd\ | + c_5\ |\ abed\ | + d_5\ |\ abce\ | - e_5\ |\ abcd\ | = 0,$

$a_5\ |\ bcde\ | + b_5\ |\ acde\ | - c_5\ |\ abde\ | + d_5\ |\ abce\ | - e_5\ |\ abcd\ | = 0,$

$|\ abcde\ | = 0.$

Daraus folgt: $F_5 = m F_1 + n F_2 + p F_3 + q F_4$, (28, II, 1°).

Die Relation $|\ abcde\ | = 0$ ist das Resultat der Elimination von x, y, z, t aus $(1_1), (1_2), (1_3), (1_4), (1_5)$ oder die *Resultante* dieser Gleichungen; die Determinante $|\ abcde\ |$ wird die *Eliminante* genannt. Also *ist die Eliminante eines linearen Gleichungssystems eine Function der*

Coefficienten, welche, gleich Null gesetzt, die notwendige und hinreichende Bedingung ausspricht, damit die Gleichungen vereinbar seien.

III. *Homogene Gleichungen.* Wenn die gegebenen Gleichungen homogen sind, wenn also $e_1 = e_2 = e_3 = e_4 = 0$, so findet man die einzige Lösung $x = y = z = t = 0$, vorausgesetzt dass $|abcd|$ von Null verschieden ist. Umgekehrt, wenn $x = y = z = t = 0$ eine Lösung ist im Falle, wo $|abcd|$ nicht null ist, so hat man nach den Gleichungen (1): $e_1 = e_2 = e_3 = e_4 = 0$; also giebt est keine andere Lösung.

IV. *Andere Form der vorstehenden Resultate.* Wir setzen

$$\rho x + \xi = 0, \quad \rho y + \eta = 0, \quad \rho z + \zeta = 0, \quad \rho t + \tau = 0,$$

wo ρ einen von Null verschiedenen Factor bezeichnet, mit dem wir die Gleichungen (1) multipliciren. Diese nehmen die homogene Form an:

$$a_1 \xi + b_1 \eta + c_1 \zeta + d_1 \tau + e_1 \rho = 0,$$
$$a_2 \xi + b_2 \eta + c_2 \zeta + d_2 \tau + e_2 \rho = 0,$$
$$a_3 \xi + b_3 \eta + c_3 \zeta + d_3 \tau + e_3 \rho = 0,$$
$$a_4 \xi + b_4 \eta + c_4 \zeta + d_4 \tau + e_4 \rho = 0,$$

und man bekommt:

$$\frac{\xi}{|bcde|} = \frac{-\eta}{|acde|} = \frac{\zeta}{|abde|} = \frac{-\tau}{|abce|} = \frac{\rho}{|abcd|}.$$

Hiernach sind die Grössen $\xi, -\eta, \zeta, -\tau, \rho$ den Unterdeterminanten proportional, welche sich aus dem Schema

$$\left\| \begin{array}{ccccc} a_1 & b_1 & c_1 & d_1 & e_1 \\ a_2 & b_2 & c_2 & d_2 & e_2 \\ a_3 & b_3 & c_3 & d_3 & e_3 \\ a_4 & b_4 & c_4 & d_4 & e_4 \end{array} \right\| = \|abcde\| \quad \text{(Zeilen 1234)}$$

durch Unterdrückung der 1ten, 2ten, 3ten, 4ten oder 5ten Colonne ableiten.

Damit eine neue Gleichung $a_5 \xi + b_5 \eta + c_5 \zeta + d_5 \tau + e_5 \rho = 0$ mit den vorgelegten vereinbar sei im Falle, wo $|abcd|$ nicht null ist und ρ einen beliebigen Wert hat, ist notwendig und hinreichend, dass die Determinante $|abcde| = 0$ ist. Diese Relation heisst die *Resultante* der fünf Gleichungen, $|abcde|$ die *Eliminante*.

V. *Beispiel.* Es seien (x_1, y_1), (x_2, y_2), (x_3, y_3) die Coordinaten der Eckpuncte eines Dreiecks, dessen Seiten durch folgende Gleichungen ausgedrückt sind:

$$a_1 x + b_1 y + c_1 = 0, \quad a_2 x + b_2 y + c_2 = 0, \quad a_3 x + b_3 y + c_3 = 0.$$

Setzen wir $r = |a_1 b_2 c_3|$ und bezeichnen die Unterdeterminanten von r mit $A_1, B_1, \ldots, C_3$, so hat man

$$x_1 = \frac{\begin{vmatrix} -c_2 & b_2 \\ -c_3 & b_3 \end{vmatrix}}{\begin{vmatrix} a_2 & b_2 \\ a_3 & b_3 \end{vmatrix}} = \frac{A_1}{C_1}, \quad y_1 = \frac{\begin{vmatrix} a_2 & -c_2 \\ a_3 & -c_3 \end{vmatrix}}{\begin{vmatrix} a_2 & b_2 \\ a_3 & b_3 \end{vmatrix}} = \frac{B_1}{C_1};$$

$$x_2 = \frac{A_2}{C_2}, \quad x_3 = \frac{A_3}{C_3}; \quad y_2 = \frac{B_2}{C_2}, \quad y_3 = \frac{B_3}{C_3}.$$

Der doppelte Flächeninhalt des Dreiecks ist, in absolutem Werte ausgedrückt (N^r 25 und Ueb. 67, 1):

$$\begin{vmatrix} \frac{A_1}{C_1} & \frac{B_1}{C_1} & 1 \\ \frac{A_2}{C_2} & \frac{B_2}{C_2} & 1 \\ \frac{A_3}{C_3} & \frac{B_3}{C_3} & 1 \end{vmatrix} = \frac{1}{C_1 C_2 C_3} \begin{vmatrix} A_1 & B_1 & C_1 \\ A_2 & B_2 & C_2 \\ A_3 & B_3 & C_3 \end{vmatrix} = \frac{r^2}{C_1 C_2 C_3}.$$

Die Eckpuncte haben zu *Tangentialgleichungen*:

$$A_1 u + B_1 v + C_1 y = 0, \quad A_2 u + B_2 v + C_2 = 0, \quad A_3 u + B_3 v + C_3 = 0.$$

Uebungsaufgaben **75.** 1. Man verallgemeinere die Uebungsaufgaben 14 und 15 der *Einleitung*.

2° Die Gleichungen $x \sin \alpha_i + y \sin 2\alpha_i + z \sin 3\alpha_i = \sin 4\alpha_i$ ($i = 1, 2, 3$) aufzulösen.

76. Man finde das Volumen eines Tedraeders aus den Gleichungen der vier Seitenflächen.

**77. Man finde die Transformationsformeln um von trilinearen Punct- oder Tangentialcoordinaten zu cartesischen Coordinaten überzugehen, wenn die cartesischen Gleichungen der Seiten des Fundamentaldreiecks gegeben sind.

**78. Um eine *genäherte* Lösung eines linearen Systems zu finden, in welchem die Anzahl der Unbekannten kleiner ist als die Anzahl der Gleichungen, zum Beispiele des Systems

$$a_p x + b_p y + c_p z = d_p, \quad (p = 1, 2, 3, 4, 5)$$

vorausgesetzt, dass die Coefficienten a_p, b_p, c_p, d_p nur angenähert bekannt sind, verfährt man *conventionell* wie folgt (*Methode der kleinsten Quadrate*): man multiplicirt die Gleichungen zuerst bezüglich mit a_1, a_2, a_3, a_4, a_5 und addirt die Resultate, dann mit b_1, b_2, b_3, b_4, b_5 und addirt die neuen Producte, zuletzt mit c_1, c_2, c_3, c_4, c_5 und addirt wieder. Dann löst man die so erhaltenen Gleichungen auf, nämlich

$$x S a_p^2 + y S a_p b_p + z S a_p c_p = S a_p d_p, \text{ etc.}$$

1° Man beweise mit Hülfe von n° 27, II, den Lehrsatz von **Van Geer** :

$$x = \frac{(a_1b_2c_3)(d_1b_2c_3) + (a_1b_2c_4)(d_1b_2c_4) + \cdots + (a_3b_4c_5)(d_3b_4c_5)}{(a_1b_2c_3)^2 + (a_1b_2c_4)^2 + (a_1b_3c_5)^2 + \cdots + (a_3b_4c_5)^2}, \; y = \text{etc}, z = \text{etc}. ;$$

2° Man findet dieselben Werte von x, y, z durch Anwendung der kleinsten Quadrate auf die zehn Gleichungen, welche nur eine der Unbekannten x, y, z enthalten und welche man bekommt, indem man nach der Theorie der Determinanten aus den gegebenen Gleichungen, zu drei und drei genommen, zuerst y und z, dann x und z, zuletzt x und y eliminiert (**Catalan** und **J. W. L. Glaisher**).

79. Das dem Systeme (1), N^r 29 *adjungierte* System

$$A_1X + B_1Y + C_1Z + D_1U = G_1,$$
$$\cdots \cdots \cdots \cdots \cdots \cdots \cdots$$
$$A_4X + B_4Y + C_4Z + D_4U = G_4,$$

zu verallgemeinern und aufzulösen. — Man findet die Werte der Unbekannten entweder direct durch die allgemeinen Formeln oder durch Addition der mit geeigneten Factoren multiplicierten Gleichungen. Die Vergleichung der so erhaltenen Resultate führt zu einem bekannten Satze (N^r 25, Ueb. 67, II).

*80. Man beweise die Multiplicationsregel der Determinanten durch die Betrachtung folgender beiden Systeme :

$$a_1y_1 + b_1y_2 + c_1y_3 = d_1, \qquad \alpha_1x_1 + \beta_1x_2 + \gamma_1x_3 = y_1,$$
$$a_2y_1 + b_2y_2 + c_2y_3 = d_2, \qquad \alpha_2x_1 + \beta_2x_2 + \gamma_2x_3 = y_2,$$
$$a_3y_1 + b_3y_2 + c_3y_3 = d_3. \qquad \alpha_3x_1 + \beta_3x_2 + \gamma_3x_3 = y_3.$$

Man löst das in y gegebene System auf, alsdann das in x gegebene; man eliminiert die y, löst das resultierende System auf und vergleicht die in beiden Fällen für x gefundenen Werte (**Cauchy**).

81. $\quad x = \dfrac{b}{a_1 + y}, \quad y = \dfrac{b_1}{a_2 + z}, \quad z = \dfrac{b_2}{a_3 + u}, \quad u = \dfrac{b_3}{a_4}.$

$$x = X, \; xy = Y, \; xyz = Z, \; xyzu = U,$$

$a_1x + xy = b, \quad a_2y + yz = b_1, \quad a_3z + zu = b_2, \quad a_4u = b_3,$
$a_1X + Y = b, \; -b_1X + a_2Y + Z = 0, \; -b_2Y + a_3Z + U = 0, \; -b_3Z + a_4U = 0;$

man findet hieraus leicht den Wert $X = x$ (Vgl. N^r 10, Ueb. 17; N^r 17, Ueb. 31).

*82. Man kann die Gleichungen (2), N^r 29, so schreiben :

$$A_1F_1 + A_2F_2 + A_3F_3 + A_4F_4 = 0, \quad B_1F_1 + B_2F_2 + B_3F_3 + B_4F_4 = 0, \text{ etc.}$$

Aus dieser Form leite man die Gleichungen (1) ab durch Anwendung der N^r 25, Ueb. 67, I und N^r 29, III.

83. Hat man identisch

$$\alpha_0x^m + \alpha_1x^{m-1} + \alpha_2x^{m-2} + \cdots = (\beta_0x^n + \beta_1x^{n-1} + \cdots) \times (\gamma_0x^p + \gamma_1x^{p-1} + \cdots),$$

so kann man die γ in α und β mittelst linearer Gleichungen ausdrücken.

30. I. Erster besonderer Fall. *Die Determinante der Coefficienten der Unbekannten $|\,abcd\,|$ ist gleich 0; aber wenigstens eine der Unterdeterminanten, zum Beispiele $D_4 = (a_1b_2c_3)$, ist von Null verschieden.* Wir schreiben anstatt $(1_1), (1_2), (1_3)$:

$$a_1x + b_1y + c_1z = e_1 - d_1t, \qquad (1^*_1)$$
$$a_2x + b_2y + c_2z = e_2 - d_2t, \qquad (1^*_2)$$
$$a_3x + b_3y + c_3z = e_3 - d_3t, \qquad (1^*_3)$$

und folgern hieraus (N^r 29):

$$x = \frac{|\,e-dt,b,c\,|}{|\,abc\,|} = \frac{|\,ebc\,|}{|\,abc\,|} - \frac{|\,dbc\,|}{|\,abc\,|}\,t,$$
$$y = \frac{|\,aec\,|}{|\,abc\,|} - \frac{|\,adc\,|}{|\,abc\,|}\,t, \quad z = \frac{|\,abe\,|}{|\,abc\,|} - \frac{|\,abd\,|}{|\,abc\,|}\,t, \qquad (3)$$

Nach N^r 29, I, befriedigen diese Werte $(1^*_1), (1^*_2), (1^*_3)$ für alle Werte von t.

Die notwendige und hinreichende Bedingung, damit sie auch der Gleichung (1_4): $a_4x + b_4y + c_4z + d_4t - e_4 = 0$ genügen, ist, nach N^r 29, II,

$$|\,a, b, c, e-dt\,| = 0,$$

was auch man so schreiben kann:

$$|\,abce\,| - |\,abcd\,|\,t = 0, \quad \text{oder} \quad R_1 - Rt = 0.$$

Da vorausgesetzt wird, dass $R = 0$, so genügt kein Wert von t der Gleichung (1_4), wenn R_1 von Null verschieden ist. Im Gegenteil, wenn $R_1 = 0$, kann man die Gleichung (1_4), wie auch die andern Gleichungen (1), durch willkürliche Werte von t befriedigen. Aus der Auflösungsmethode, welche die des allgemeinen Falles von N^r 29 ist, schliesst man auch, *dass es keine von (3) verschiedenen Lösungen giebt.*

Angenommen, dass $R = |\,abcd\,| = 0$, $R_1 = |\,abce\,| = 0$, $(a_1b_2c_3)$ von Null verschieden ist, so hat man nach (N^r 28, II): $F_4 = mF_1 + nF_2 + pF_3$. Hiernach ist die Gleichung $F_4 = 0$ eine Folge der Gleichungen $F_1 = 0, F_2 = 0, F_3 = 0$. Ausserdem hat man: $R_1 = |\,abcd\,| = 0$, $R_3 = |\,aecd\,| = 0$, $R_2 = |\,abce\,| = 0$, und somit $0 = \|\,abcde\,\|$ (Zeilen 1, 2, 3, 4).

Also nehmen die zweiten Glieder in (3) eine unbestimmte Form an. Jedoch, und zwar in allen Fällen, hat t allein einen beliebigen Wert; denn die Werte (3) von x, y, oder z können bestimmt sein, oder von t unabhängig sein, wenn $|\,dbc\,|$, $|\,adc\,|$ oder $|\,abd\,| = 0$.

Man kann noch *Eliminante* nennen den symbolischen Ausdruck $\|abcde\|$ (Zeilen 1,2,3,4), welchen man gleich Null setzen muss, wenn die Gleichungen $(1_1), (1_2), (1_3), (1_4)$ vereinbar sind, vorausgesetzt dass $(a_1 b_2 c_3)$ von Null verschieden ist.

Homogene Gleichungen. Hat man $e_1 = e_2 = e_3 = e_4 = 0$, so ist immer $R_4 = |abce| = 0$; folglich sind die linearen homogenen Gleichungen immer vereinbar, wenn $|abcd| = 0$ und $(a_1 b_2 c_3)$ von Null verschieden ist. Uebrigens findet man

$$x = -\frac{|dbc|}{|abc|}t = \frac{A_4}{D_4}t, \qquad y = \frac{B_4}{D_4}t, \qquad z = \frac{C_4}{D_4}t,$$

oder, was gleichbedeutend ist,

$$x : y : z : t = A_4 : B_4 : C_4 : D_4;$$

für t kann man beliebige Werte nehmen; x, y, z sind abhängig von t, ausgenommen im Falle, wo A_4, B_4 oder C_4 null ist, und mithin x, y, oder z auch gleich Null ist. Nach N^r 20 können die vorigen Relationen auch folgende Form annehmen :

$$\frac{x}{k_1 A_1 + k_2 A_2 + k_3 A_3 + k_4 A_4} = \frac{y}{k_1 B_1 + k_2 B_2 + k_3 B_3 + k_4 B_4} = \text{etc.};$$

hier sind k_1, k_2, k_3, k_4 willkürliche Zahlen (**Hesse**).

II. Zweiter besonderer Fall. *Die ersten Unterdeterminanten der mit den Coefficienten der Unbekannten gebildeten Determinante sind null, aber eine der zweiten Unterdeterminanten $(a_1 b_2)$ ist von Null verschieden.* Aus den Gleichungen $(1_1), (1_2)$:

$$a_1 x + b_1 y = e_1 - c_1 z - d_1 t, \qquad a_2 x + b_2 y = e_2 - c_2 z - d_2 t$$

schliesst man :

$$x = \frac{|eb|}{|ab|} - \frac{|cb|}{|ab|}z - \frac{|db|}{|ab|}t, \quad y = \frac{|ae|}{|ab|} - \frac{|ac|}{|ab|}z - \frac{|ad|}{|ab|}t; (4)$$

die Werte (4) befriedigen $(1_1), (1_2)$ für alle Werte von z, t (N^r 29). Damit dieselben auch (1_3) befriedigen, ist notwendig und hinreichend, dass man habe

$$|a, b, e - cz - dt| = |abe| - |abc|z - |abd|t = 0,$$

oder auch $|abe| = 0$, da ja $|abc|$ und $|abd|$ null sind. Die Relationen $|abc| = 0$, $|abd| = 0$, $|abe| = 0$, $(a_1 b_2)$ von Null verschieden, haben zur Folge eine Identität von der Form (N^r 28, II): $F_3 = mF_1 + nF_2$, $0 = \| abcde \|$ (Zeilen 123); der symbolische Ausdruck $\| abcde \|$ kann *Eliminante* von (1_1), (1_2), (1_3) genannt werden, vorausgesetzt dass z und t willkürlich bleiben. Um zu bestätigen, dass $F_3 = 0$ eine Folge von $F_1 = 0$ und $F_2 = 0$, bemerke man, dass es *genügt* zu erkennen, dass drei der in $\| abcde \|$ (Zeilen 123) enthaltenen Determinanten null sind. Eine ähnliche Bemerkung mache man in den folgenden Fällen (Vgl. 20, C).

So ist auch, wenn die Werte (4) der Gleichung (1_3) genügen sollen, die hierzu notwendige und hinreichende Bedingung: $(a_1b_2c_3) = 0$, und daraus folgt: $F_3 = pF_1 + qF_2$, $0 = \| abcde \|$ Zeilen 124).

Homogene Gleichungen. Hat man $e_1 = e_2 = e_3 = e_4 = 0$, so sind die Gleichungen (1) immer unter sich vereinbar, und man bestimmt x, y durch die Relationen

$$x(a_1b_2) + z(c_1b_2) + t(d_1b_2) = 0, \quad y(a_1b_2) + z(a_1c_2) + t(a_1d_2) = 0;$$

z und t bleiben unbestimmt.

III. **Dritter besonderer Fall.** *Die zweiten Unterdeterminanten der mit den Coefficienten der Unbekannten gebildeten Determinante sind null, aber eine der dritten Unterdeterminanten, zum Beispiele a_1 ist von Null verschieden*. Die vorgelegten Gleichungen sind unter sich vereinbar, nur wenn (a_1e_2), (a_1e_3), (a_1e_4) null sind; alle Lösungen sind in der Formel enthalten:

$$x = \frac{e_1}{a_1} - \frac{b_1}{a_1}y - \frac{c_1}{a_1}z - \frac{d_1}{a_1}t,$$

wo y, z, t beliebige Werte bekommen. Bei homogenen Gleichungen sind die Bedingungen des Zusammenbestehens immer erfüllt.

IV. *Kurzer Ueberblick. Schluss bei homogenen Gleichungen*. Die im Vorstehenden enthaltenen Resultate fassen wir jetzt im Falle von vier *vereinbaren* Gleichungen (1) kurz zusammen:

1° $| abcd |$ ist von Null verschieden. Es besteht die einzige Lösung:

$$x = \frac{| ebcd |}{| abcd |}, \quad y = \frac{| aecd |}{| abcd |}, \quad z = \frac{| abed |}{| abcd |}, \quad t = \frac{| abce |}{| abcd |}.$$

Sind die Gleichungen homogen, so dass $e_1 = e_2 = e_3 = e_4 = 0$, so hat man die einzige Lösung $x = y = z = t = 0$. Umgekehrt, wenn das System die Lösungen $x = y = z = t = 0$ zulässt, so sind e_1, e_2, e_3, e_4 null und die Gleichungen homogen.

2° $| abcd | = 0$. $(a_1 b_2 c_3)$ ist von Null verschieden. Man hat

$$x = \frac{|ebc|}{|abc|} - \frac{|dbc|}{|abc|} t, \quad y = \frac{|aec|}{|abc|} - \frac{|adc|}{|abc|} t,$$

$$z = \frac{|abe|}{|abc|} - \frac{|abd|}{|abc|} t,$$

und t bleibt unbestimmt, wenn

$$|abce| = 0;$$

hieraus folgt :

$$\| abcde \| = 0 \text{ Zeilen } 1234).$$

Sind die Gleichungen homogen, so ist

$$x = -\frac{|dbc|}{|abc|} t, \quad y = -\frac{|adc|}{|abc|} t, \quad z = -\frac{|abd|}{|abc|} t;$$

t bleibt unbestimmt.

3° Die Determinante $| abcd |$ und alle ihre ersten Unterdeterminanten sind null, aber eine der zweiten Unterdeterminanten, $(a_1 b_2)$, ist von Null verschieden. Dann ist

$$x = \frac{|eb|}{|ab|} - \frac{|cb|}{|ab|} z - \frac{|db|}{|ab|} t, \quad y = \frac{|ae|}{|ab|} - \frac{|ac|}{|ab|} z - \frac{|ad|}{|ab|} t;$$

z und t bleiben unbestimmt, wenn

$$(a_1 b_2 e_3) = 0, \quad (a_1 b_2 e_4) = 0.$$

Hieraus folgt

$$0 = \| abcde \| \text{ (Zeilen 123)}, \quad 0 = \| abcde \| \text{ Zeilen 124)}.$$

Sind die vorgelegten Gleichungen homogen, so ist

$$x = -\frac{|cb|}{|ab|} z - \frac{|db|}{|ab|} t, \quad y = \frac{|ac|}{|ab|} z - \frac{|ad|}{|ab|} t;$$

z und t haben beliebige Werte.

4° Die Determinante $| abcd |$ ist null mit ihren ersten und zweiten Unterdeterminanten, aber eine der dritten Unterdeterminanten, a_1, ist von Null verschieden. Man hat

$$x = \frac{e_1}{a_1} - \frac{b_1}{a_1} y - \frac{c_1}{a_1} z - \frac{d_1}{a_1} t,$$

wo y, z, t beliebige Werte bekommen, wenn

$$(a_1 e_2) = 0, \quad (a_1 e_3) = 0, \quad (a_1 e_4) = 0;$$

hieraus folgt

$$0 = \| abcde \| \text{ (Zeilen 12)},$$
$$0 = \| abcde \| \text{ (Zeilen 13)},$$
$$0 = \| abcde \| \text{ (Zeilen 14)}.$$

Bei homogenen Gleichungen ist

$$x = -\frac{b_1}{a_1}y - \frac{c_1}{a_1}z - \frac{d_1}{a_1}t.$$

Durch Verallgemeinerung der vorigen Resultate gelangt man zu folgendem Lehrsatze über homogene Gleichungen: *Ist die Determinante der Coefficienten der Unbekannten in einem System von n linearen homogenen Gleichungen mit n Unbekannten, sowie ihre Unterdeterminanten der $(n-1)^{ten}$, $(n-2)^{ten}$, ..., $(p+1)^{ten}$ Ordnung, gleich Null, ist aber eine Unterdeterminante der p^{ten} Ordnung von Null verschieden, dann lässt das System eine Lösung zu, in der $n-p$ Unbekannten willkürlich bleiben.*

Bemerkung. Das in N^{rn} 29 et 30 gebrauchte Verfahren findet auch Anwendung in der unbestimmten Analysis des ersten Grades.

Uebungsaufgaben. **84. Wenn bei einer Null-Determinante alle 1ten, 2ten, ... $(n-p-1)^{ten}$ Unterdeterminanten gleich Null, aber eine $(n-p)^{te}$ Unterdeterminante von Null verschieden ist, so besteht dieselbe lineare homogene Relation zwischen den Elementen jeder Zeile oder Colonne, und $n-p$ Coefficienten der Elemente sind willkürlich (Dieser Satz ist gleichbedeutend mit dem Schlusse von N^r 30, IV oder von N^r 20, B).

**85. Wie lautet die ähnliche Eigenschaft (s. 30, IV) für nicht homogene Gleichungen 1sten Grades?

86. In dem in N^r 30, IV, Schluss, betrachteten Falle kann man $(n-p-1)$ beliebige Unbekannten gleich Null setzen; umgekehrt, wenn letzteres stattfindet, hat man den im N^r 30, IV, behandelten Fall. (Darboux**).

**87. Ein System von p homogenen linearen Gleichungen mit $n > p$ Unbekannten kann immer durch Einführung von $n-p$ Hülfsgleichungen auf ein System von der in N° 30, IV betrachteten Art zurückgeführt werden.

II. Elimination. Fall von linearen Gleichungen.

31. *Resultante und Eliminante von n linearen Gleichungen.* Wir geben hier unter einer etwas verschiedenen, aber allgemeineren Form, die im Vorstehenden enthaltenen, die Elimination betreffenden Resultate.

Wir betrachten folgendes System von n Gleichungen, wo m für $n-1$ steht:

$$F_1 = 0, \quad \text{oder} \quad a_{11}x_1 + a_{12}x_2 + \cdots + a_{1m}x_m = a_{1n}, \quad (1_1)$$

$$\cdots \cdots \cdots \cdots \cdots \cdots \cdots$$

$$F_n = 0, \quad \text{oder} \quad a_{n1}x_1 + a_{n2}x_2 + \cdots + a_{nm}x_m = a_{nn}, \quad (1_n)$$

bezeichnen mit R die Determinante $(a_{11}a_{22}\ldots a_{nn})$, mit $A_{11}, A_{12}, \ldots, A_{nn} = (a_{11}a_{22}\ldots a_{mm})$ die Unterdeterminanten von R, und nehmen an, dass A_{nn} von Null verschieden ist, so dass die $m = n-1$ ersten Gleichungen (1) eine einzige Lösung zulassen. Genügen diese Werte auch der Gleichung (1_n), so kommt dann, wenn man die vorgelegten Gleichungen bezüglich mit $A_{1n}, A_{2n}, \ldots A_{nn}$ multiplicirt und die Resultate addirt:

$$A_{1n}F_1 + A_{2n}F_2 + \cdots + A_{nn}F_n = 0. \quad (2)$$

Diese Relation ist zuerst eine *notwendige* Bedingung, damit (1_n) mit $(1_1), (1_2), \ldots (1_m)$ vereinbar sei; sie ist auch *hinreichend*, denn nach der Identität (2) müssen die Werte von $x_1, x_2, \ldots x_n$, welche den Gleichungen $F_1 = 0, F_2 = 0, \ldots F_m = 0$ genügen, auch der Gleichung $A_{nn}F_n = 0$ oder $F_n = 0$ genügen, da A_{nn} von Null verschieden ist.

Setzen wir $(A_{kn} : A_{nn}) = \lambda_k$, so kann man statt (2) schreiben:

$$F_n = \lambda_1 F_1 + \lambda_2 F_2 + \cdots + \lambda_m F_m. \quad (2')$$

Hiernach ist die Gleichung $F_n = 0$ mit $F_1 = 0, F_2 = 0, \ldots, F_m = 0$ nur dann vereinbar, wenn F_n eine lineare Function von $F_1, F_2, \ldots, F_m$ ist.

In (2) hat x_k zum Coefficienten

$$A_{1n}a_{1k} + A_{2n}a_{2k} + \cdots + A_{nn}a_{nk},$$

oder Null, nach der zweiten Eigenschaft der Unterdeterminanten; der von $x_1, x_2, \ldots, x_m$ unabhängige Teil ist

$$A_{1n}a_{1n} + A_{2n}a_{2n} + \cdots + A_{nn}a_{nn}$$

oder R nach der ersten Eigenschaft der Unterdeterminanten. Die Relation (2) ist so zurückgeführt auf

$$R = 0. \quad (2'')$$

Wir sehen somit, dass die Bedingungen $R = 0$, A_{nn} verschieden von Null, notwendig und hinreichend sind, damit die Gleichung (1_m) mit (1_1), (1_2), ..., (1_m) vereinbar sei.

Vorstehende Bemerkungen über den Coefficienten von x_k und das bekannte Glied in (2) zeigen auch, dass die Relationen

$$a_{nk} = \lambda_1 a_{1k} + \lambda_2 a_{2k} + \cdots + \lambda_{n-1} a_{n-1,k}$$

bestehen; und hieraus kann man, umgekehrt, $(2')$, (2) oder $(2'')$ ableiten.

Die Determinante R heisst die *Eliminante*, und $R = 0$ ist die *Resultante* des vorgelegten Systems oder auch des folgenden:

$$a_{11} y_1 + a_{12} y_2 + \cdots + a_{1n} y_n = 0, \quad (3_1)$$

$$\cdots \cdots \cdots \cdots$$

$$a_{n1} y_1 + a_{n2} y_2 + \cdots + a_{nn} y_n = 0, \quad (3_n)$$

welches man erhält, indem man das erste mit einer von Null verschiedenen Grösse y_n multipliciert und dann $y_i + x_i y_n = 0$ setzt. *Die Resultante von n linearen Gleichungen ist also die gleich Null gesetzte Determinante, deren Elemente die Coefficienten der Unbekannten und die unabhängigen Glieder oder bei homogenen Gleichungen die Coefficienten der Unbekannten sind.*

Nach den Eigenschaften der Unterdeterminanten (N^r 20) hat man

$$y_1 : y_2 : \ldots : y_n = A_{11} : A_{12} : \ldots : A_{1n} = A_{21} : A_{22} : \ldots : A_{2n} = \text{etc.}$$

$$x_1 : x_2 : \ldots : x_m = -\frac{A_{11}}{A_{1n}} : -\frac{A_{12}}{A_{1n}} : \ldots : -\frac{A_{1n}}{A_{1n}} = \text{etc.}$$

und die Gleichungen können nicht anders befriedigt werden. Eine mehr symmetrische Form der Lösung ist, nach **Hesse**:

$$\frac{y_1}{k_1 A_{11} + k_2 A_{21} + \cdots + k_n A_{n1}} = \frac{y_2}{k_1 A_{12} + k_2 A_{22} + \cdots + k_n A_{n2}} = \text{etc.};$$

die Zahlen $k_1, k_2, \ldots, k_n$ sind ganz willkürlich.

II. Wir setzen jetzt voraus, dass die Determinanten A_{nn} und ihre Unterdeterminanten der $(p+1)^{ten}$ Ordnung null sind, dass aber die Determinante $\Delta = (a_{11} a_{22} \ldots a_{pp})$ von Null verschieden sei. Dann kann man aus den p ersten der Gleichungen (1) Ausdrücke von $x_1, x_2, \ldots, x_p$

als Function der anderen Unbekannten $x_{p+1}, x_{p+2}, \ldots x_m$, ableiten, welche unbestimmt bleiben.

Es sei die notwendigen und hinreichenden Bedingungen zu finden, damit diese Werte der x auch irgend einer der $n-p$ übrigen Gleichungen, zum Beispiele der Gleichung

$$a_{s1}x_1 + a_{s2}x_2 + \cdots + a_{sm}x_m - a_{sn} = 0. \qquad (1_s)$$

genügen. Betrachten wir die Determinante

$$S = \begin{vmatrix} a_{11} & a_{12} & \cdots & a_{1p} & \delta_1 \\ a_{21} & a_{22} & \cdots & a_{2p} & \delta_2 \\ \cdot & \cdot & \cdots & \cdot & \cdot \\ a_{p1} & a_{p2} & \cdots & a_{pp} & \delta_p \\ a_{s1} & a_{s2} & \cdots & a_{sp} & 0 \end{vmatrix}.$$

Bezeichnen wir mit $\Delta_1, \Delta_2, \ldots \Delta_p, \Delta$ die der letzten Colonne entsprechende Unterdeterminanten von S, so ist $\Delta = (a_{11}a_{22}\ldots a_{pp})$ von Null verschieden.

Sollen aber dieselben Werte der x den Gleichungen $(1_1), (1_2) \ldots (1_p)$. (1_s) genügen, so multiplicire man letztere respective mit $\Delta_1, \Delta_2, \ldots \Delta_p, \Delta$ und addire die Producte; dies führt zu der Relation

$$\Delta_1 F_1 + \Delta_2 F_2 + \cdots \Delta_p F_p + \Delta F_s = 0, \qquad (4)$$

welche eine *notwendige* Bedingung ist, damit (1_s) mit $(1_1), (1_2), \ldots (1_p)$ vereinbar sei. Diese Bedingung ist auch *hinreichend*; denn, hat man $F_1 = 0, F_2 = 0, \ldots, F_p = 0$ und (4), so folgt $\Delta F_s = 0$ oder $F_s = 0$, da Δ von Null verschieden ist.

Mit der Bezeichnung $(\Delta_k : \Delta) = -\lambda_k$ giebt man (4) folgende Form:

$$F_s = \lambda_1 F_1 + \lambda_2 F_2 + \cdots + \lambda_p F_p \qquad (5)$$

und schliesst daraus, dass die Gleichung $F_s = 0$ nur dann mit den Gleichungen $F_1 = 0, F_2 = 0, \ldots, F_p = 0$ vereinbar ist, wenn F_s eine lineare Function von $F_1, F_2, \ldots F_p$ ist.

Einfachere Form von (4). Bezeichnen $S_1, S_2, \ldots, S_m. - S_n$ die Coefficienten von $x_1, x_2, \ldots, x_m$ und das bekannte Glied in der Gleichung (4), so nimmt diese die Gestalt an:

$$S_1 x_1 + S_2 x_2 + \cdots + S_m x_m - S_n = 0,$$

und man hat:

$$S_1 = a_{11}\Delta_1 + a_{21}\Delta_2 + \cdots + a_{p1}\Delta_p + a_{s1}\Delta,$$
$$S_2 = a_{12}\Delta_1 + a_{22}\Delta_2 + \cdots + a_{p2}\Delta_p + a_{s2}\Delta,$$
$$\cdots\cdots\cdots\cdots\cdots\cdots\cdots\cdots\cdots$$
$$S_m = a_{1m}\Delta_1 + a_{2m}\Delta_2 + \cdots + a_{pm}\Delta_p + a_{sm}\Delta,$$
$$S_n = a_{1n}\Delta_1 + a_{2n}\Delta_2 + \cdots + a_{pn}\Delta_p + a_{sn}\Delta.$$

Die Coefficienten S_k ($k = 1, 2, \ldots m$) sind gleich der Determinante S, in der man die letzte Colonne durch ($a_{1k}, a_{2k}, \ldots a_{pk}, a_{sk}$) ersetzt. Daher sind $S_1, S_2, \ldots, S_p$ null, da zwei Colonnen gleich sind; die übrigen sind gleichfalls null als Unterdeterminanten höherer Ordnung als p von R.

Die Bedingung (1) ist somit einfach $S_n = 0$, oder

$$\begin{vmatrix} a_{11} & a_{12} & \ldots & a_{1p} & a_{1n} \\ a_{21} & a_{22} & \ldots & a_{2p} & a_{2n} \\ \cdot & \cdot & \cdot & \cdot & \cdot \\ a_{p1} & a_{p2} & \ldots & a_{pp} & a_{pn} \\ a_{s1} & a_{s2} & \ldots & a_{sp} & a_{sn} \end{vmatrix} = 0, \qquad (6)$$

denn S_n ist nichts anderes als die Determinante S, in der die letzte Colonne durch $a_{1n}, a_{2n}, \ldots a_{pn}, a_{sn}$ ersetzt ist.

Zusätze I. Wenn man durch Δ die Relationen $S_1 = 0$, $S_2 = 0$, $\ldots$, $S_m = 0$, $S_n = 0$ dividirt, so findet man

$$a_{s1} = \lambda_1 a_{11} + \lambda_2 a_{21} + \cdots + \lambda_p a_{p1}, \qquad (7_1)$$
$$a_{s2} = \lambda_1 a_{12} + \lambda_2 a_{22} + \cdots + \lambda_p a_{p2}, \qquad (7_2)$$
$$\cdots\cdots\cdots\cdots\cdots\cdots\cdots\cdots\cdots$$
$$a_{sm} = \lambda_1 a_{1m} + \lambda_2 a_{2m} + \cdots + \lambda_p a_{pm}, \qquad (7_m)$$
$$a_{sn} = \lambda_1 a_{1n} + \lambda_2 a_{2n} + \cdots + \lambda_p a_{pn}. \qquad (7_n)$$

In dem Schema

$$E = \begin{Vmatrix} a_{11} & a_{12} & \ldots & a_{1m} & a_{1n} \\ a_{21} & a_{22} & \ldots & a_{2m} & a_{2n} \\ \cdot & \cdot & \cdot & \cdot & \cdot \\ a_{p1} & a_{p2} & \ldots & a_{pm} & a_{pn} \\ a_{s1} & a_{s2} & \ldots & a_{sm} & a_{sn} \end{Vmatrix}$$

ist jedes Element der letzten Zeile die Summe der Producte der mit $\lambda_1, \lambda_2, \ldots, \lambda_p$ multiplicirten Elemente der 1ten, 2ten, $\ldots$, p^{ten} Zeile. Somit ist auch jede mit den Zeilen $1, 2, \ldots p$ von E gebildete Determinante null, denn die letzte Zeile ist null, wenn man von ihr die andern mit $\lambda_1, \lambda_2...\lambda_p$ multiplicirten Zeilen abzieht.

Diese Eigenschaft wird symbolisch durch $E = 0$ ausgedrückt; daher kann man im Falle, wo Δ von Null verschieden ist, E die *Eliminante*, und $E = 0$ die *Resultante* der Gleichungen 1_1), (1_2),.., (1_p), (1_r) nennen, und somit können die p ersten Unbekannten beliebige Werte bekommen.

II. Sind $S_{p+1}, S_{p+2},..., S_m$ null, so führt (4) oder (5) zu (6) oder zu $S_n = 0$. Umgekehrt, aus

$$S_{p+1} = 0, S_{p+2} = 0, ..., S_m = 0, S_n = 0$$

oder aus den Gleichungen (7) schliesst man (4) oder (5) und $E = 0$.

Das Schema liefert $\dfrac{n(n-1)...(n-p+1)}{1.2...p}$ Determinanten, welche alle null sind, wenn die $n-p$ Determinanten $S_{p+1}, S_{p+2},..., S_n$ gleich Null sind (Vgl. N^r 20, C.)

Anwendungen. I. Damit die Gleichung

$$C = ax^2 + by^2 + c + 2fy + 2gx + 2hxy = 0$$

zwei Geraden darstelle, ist notwendig und hinreichend, dass das Centrum des durch diese Gleichung bestimmten Ortes auf diesem Orte liege. Nun ist das Centrum durch die Gleichungen:

$$ax + hy + g = 0, \quad hx + by + f = 0 \qquad (1)(2)$$

gegeben, und zieht man von $C = 0$ die bezüglich mit x und y multiplicirten Gleichungen (1) (2) ab, so bekommt man

$$gx + fy + c = 0. \qquad (3)$$

Die Elimination von x und y aus (1), (2), (3) giebt:

$$D = \begin{vmatrix} a & h & g \\ h & b & f \\ g & f & c \end{vmatrix} = abc + 2fgh - af^2 - bg^2 - ch^2 = 0.$$

Umgekehrt, wenn die *Discriminante* D von C Null ist, so finden die Gleichungen (1), (2), (3) statt (N^r 20 oder N^r 30, IV).

II. Damit die durch die Gleichung $P = ux + ry + 1 = 0$ dargestellte Gerade den Kegelschnitt C berühre, muss der Richtungscoefficient von P gleich sein dem einer Tangente, und der Berührungspunct muss auf

P und C liegen. Diese Bedingungen geben, wenn λ eine Hülfsgrösse ist:

$$\frac{ax+hy+g}{u} = \frac{hx+by+f}{v} = \frac{gx+fy+c}{1} = \lambda.$$

Durch Elimination von x, y, λ aus diesen Gleichungen und $P = 0$ findet man

$$\begin{vmatrix} a & h & g & u \\ h & b & f & v \\ g & f & c & 1 \\ u & v & 1 & 0 \end{vmatrix} = 0.$$

Dieses ist die *Tangentialgleichung* des Kegelschnittes.

III. Ist ein Kegelschnitt K dem Fundamentaldreieck DEF umgeschrieben, so hat er zur Gleichung

$$\frac{A}{\alpha} + \frac{B}{\beta} + \frac{C}{\gamma} = 0.$$

Geht er durch drei Puncte M, N, P, deren Coordinaten $(\alpha_1, \beta_1, \gamma_1)$, $(\alpha_2, \beta_2, \gamma_2)$, $(\alpha_3, \beta_3, \gamma_3)$ sind, so hat man die Bedingungen

$$\frac{A}{\alpha_1} + \frac{B}{\beta_1} + \frac{C}{\gamma_1} = 0, \quad \frac{A}{\alpha_2} + \frac{B}{\beta_2} + \frac{C}{\gamma_2} = 0, \quad \frac{A}{\alpha_3} + \frac{B}{\beta_3} + \frac{C}{\gamma_3} = 0, \quad (1)$$

Aus diesen folgt durch Elimination von A, B, C:

$$\begin{vmatrix} \frac{1}{\alpha_1} & \frac{1}{\beta_1} & \frac{1}{\gamma_1} \\ \frac{1}{\alpha_2} & \frac{1}{\beta_2} & \frac{1}{\gamma_2} \\ \frac{1}{\alpha_3} & \frac{1}{\beta_3} & \frac{1}{\gamma_3} \end{vmatrix} = 0, \text{ oder } \begin{vmatrix} \alpha_2\alpha_3 & \beta_2\beta_3 & \gamma_2\gamma_3 \\ \alpha_3\alpha_1 & \beta_3\beta_1 & \gamma_3\gamma_1 \\ \alpha_1\alpha_2 & \beta_1\beta_2 & \gamma_1\gamma_2 \end{vmatrix} = 0.$$

Die letztere Gleichung kann nur bestehen, wenn man hat (N° 20)

$$\begin{aligned} a\alpha_2\alpha_3 + b\beta_2\beta_3 + c\gamma_2\gamma_3 &= 0, \\ a\alpha_3\alpha_1 + b\beta_3\beta_1 + c\gamma_3\gamma_1 &= 0, \\ a\alpha_1\alpha_2 + b\beta_1\beta_2 + c\gamma_1\gamma_2 &= 0, \end{aligned} \quad (2)$$

wo a, b, c constante Grössen sind. Diese Gleichungen zeigen uns, dass der durch $a\alpha^2 + b\beta^2 + c\gamma^2 = 0$, dargestellte Kegelschnitt, welcher zu DEF conjugirt ist, auch zu MNP conjugirt ist. Auch das Umgekehrte ist wahr, denn die Gleichungen (1) können aus (2) abgeleitet werden.

Ausserdem kann das Vorstehende auch in Tangentialcoordinaten gedeutet werden. Wenn also zwei Dreiecke demselben Kegelschnitte eingeschrieben oder umgeschrieben sind, so sind sie einem andern conjugiert, und umgekehrt; wenn folglich zwei Dreiecke einem Kegelschnitte eingeschrieben sind, so sind sie einem andern umgeschrieben, und umgekehrt (Beweis von J. Neuberg).

Uebungsaufgaben. 88. Man finde die Gleichung 1° einer durch zwei Puncte gehenden Geraden; 2° eines durch drei Puncte gehenden Kreises; 3° einer durch drei Puncte gelegten Parabel, wenn die Richtung der Axe gegeben ist; 4° eines durch fünf Puncte gehenden Kegelschnittes; 5° eines durch drei Puncte gehenden Kegelschnittes, wenn diese Curve ein bestimmtes Centrum oder einen bestimmten Focus hat; 6° einer durch neun Puncte gehenden Curve dritter Ordnung; u. s. w.

89. Man finde die Bedingung dafür, dass 1° eine Oberfläche 2ten Grades ein Kegel sei; 2° dass sie die durch $ux + vy + wz + 1 = 0$ dargestellte Ebene berühre; 3° dass ein durch drei gegebene Puncte bestimmter Kreis eine gegebene Gerade berühre.

90. Man finde: 1° die Relation zwischen den **Winkeln** eines Dreiecks durch Elimination von a, b, c aus den Gleichungen

$$a = b\cos C + c\cos B, \quad b = c\cos A + a\cos C, \quad c = a\cos B + b\cos A;$$

2° die analoge Relation zwischen den sechs durch die Seitenflächen eines Tetraeders gebildeten Winkeln.

91. Man verallgemeinere folgende Theoreme: Ist $y + 1 = x$, also $y = x - 1$, so hat man

$$\begin{array}{ll} 1 & = 1, \\ 1 + y & = x, \\ 1 + 2y + y^2 & = x^2, \\ 1 + 3y + 3y^2 + y^3 & = x^3; \end{array} \quad \begin{vmatrix} 1 & 1 & 0 & 0 \\ x & 1 & 1 & 0 \\ x^2 & 1 & 2 & 1 \\ x^3 - y^3 & 1 & 3 & 3 \end{vmatrix} = 0,$$

$$(-1)^3 y^3 = (1-x)^3 = \begin{vmatrix} 1 & 1 & 0 & 0 \\ x & 1 & 1 & 0 \\ x^2 & 1 & 2 & 1 \\ x^3 & 1 & 3 & 3 \end{vmatrix}.$$

Für $x = -1$ ergiebt sich eine schöne Formel. Aus dem Vorstehenden kann man noch folgende Relation ableiten (Vgl. N^r 19, Ueb. 37, 1°):

$$a_0 - 3a_1 + 3a_2 - a_3 = \begin{vmatrix} a_0 & 1 & 0 & 0 \\ a_1 & 1 & 1 & 0 \\ a_2 & 1 & 2 & 1 \\ a_3 & 1 & 3 & 3 \end{vmatrix} \quad \text{(J. W. L. Glaisher)}.$$

32. *Anwendung auf nicht lineare Gleichungen. I. Resultante eines Systems von $(n-1)$ linearen Gleichungen und einer quadratischen*

Gleichung. Die Betrachtung von drei Gleichungen, welche wir der grösseren Symmetrie halber homogen annehmen, wird genügen:

$$ax^2 + by^2 + cz^2 + 2fyz + 2gzx + 2hxy = 0, \qquad (1)$$
$$\alpha_1 x + \beta_1 y + \gamma_1 z = 0, \qquad \alpha_2 x + \beta_2 y + \gamma_2 z = 0. \qquad (2)(3)$$

Die Gleichung (1) schreibe man

$$x(ax + hy + gz) + y(hx + by + fz) + z(gx + fy + cz) = 0, \qquad (1')$$

und setze dann an die Stelle von (1'):

$$ax + hy + gz = \alpha_1 \lambda + \alpha_2 \mu, \qquad (4)$$
$$hx + by + fz = \beta_1 \lambda + \beta_2 \mu, \qquad (5)$$
$$gx + fy + cz = \gamma_1 \lambda + \gamma_2 \mu, \qquad (6)$$

was erlaubt ist; denn wenn man (4), (5), (6) beziehungsweise mit x, y, z multipliciert und die Producte addiert, so findet man zufolge der Gleichungen (1), (2), (3) eine Identität. Man eliminiert dann x, y, z, λ, μ aus den linearen Gleichungen (2), (3), (4), (5), (6).

Dasselbe Verfahren dient zur Auflösung des Systems (1). (2); es genügt die beliebige Gleichung (3) beizufügen und x, y, z, λ, μ aus (2), (3), (4), (5), (6) abzuleiten. Die Coefficienten dieser Gleichungen sind durch eine Identität verbunden.

II. *Auflösung des Systems* $ax^2 + 2bxy + cy^2 = m$. $\alpha x^2 + 2\beta xy + \gamma y^2 = \mu$. Man schreibe diese Gleichungen so:

$$x(ax + by) + y(bx + cy) = m, \qquad x(\alpha x + \beta y) + y(\beta x + \gamma y) = \mu.$$

und löse sie nach x, y als lineare Gleichungen auf; dann bekommt man:

$$Rx = \begin{vmatrix} m & bx + cy \\ \mu & \beta x + \gamma y \end{vmatrix}, \qquad Ry = \begin{vmatrix} ax + by & m \\ \alpha x + \beta y & \mu \end{vmatrix},$$

$$R = \begin{vmatrix} ax + by & bx + cy \\ \alpha x + \beta y & \beta x + \gamma y \end{vmatrix}.$$

Aus den beiden ersten dieser Gleichungen erhält man durch Elimination von x und y, welche linear darin auftreten, eine Gleichung, welche R^2 giebt. Ist R bekannt, so giebt eine derselben für y einen linearen Werth in x; und dieses genügt zur Auffindung von y und x mittelst einer der vorgelegten Gleichungen. Dieses Verfahren, welches darin besteht, nicht lineare Gleichungen aufzulösen wie wenn sie linear wären, führt in einer grossen Anzahl von Fällen zum Ziel (Diokmann).

Dasselbe Verfahren kann auch bei gewissen Eliminationen angewandt werden. Setze man zum Beispiele, in I: $\alpha_3 = ax + hy + gz$, $\beta_3 = hx + by + fz$, $\gamma_3 = gx + fy + cz$, so wird (1') in $\alpha_3 x + \beta_3 y + \gamma_3 z = 0$ (7) übergehen und durch Elimination von x, y, z aus (2), (3), (7) ergiebt sich $(\alpha_1 \beta_2 \gamma_3) = 0$ oder, in entwickelter Form $\alpha_4 x + \beta_4 y + \gamma_4 z = 0$ (8), wo $\alpha_4, \beta_4, \gamma_4$ constante Grössen sind; zuletzt schliesst man aus (2), (3), (8) : $(\alpha_1 \beta_2 \gamma_3) = 0$.

**III. *Elimination von x aus den Gleichungen*

(a) $\qquad x^3 + px^2 + qx + r = 0, \qquad y = a_1 + b_1 x + c_1 x^2$. (1)

Man berechnet x^3 aus (a) und substituiert seinen Wert in die mit x multiplicierte Gleichung (1); dieses giebt

$$xy = -c_1 r + (a_1 - c_1 q)x + (b_1 - c_1 p)x^2 = a_2 + b_2 x + c_2 x^2; \quad (2)$$

verfährt man auch so mit (a) und (2), so kommt

$$x^2 y = -c_2 r + (a_2 - c_2 q)x + (b_2 - c_2 p)x^2 = a_3 + b_3 x + c_3 x^2. \quad (3)$$

Die Elimination von x, x^2 aus (1), (2), (3) giebt die Resultante

$$\begin{vmatrix} a_1 - y & b_1 & c_1 \\ a_2 & b_2 - y & c_2 \\ a_3 & b_3 & c_3 - y \end{vmatrix} = -(y^3 + Py^2 + Qy + R) = 0. \quad (4)$$

Aehnlich verfährt man, wenn (a) durch eine Gleichung beliebigen Grades ersetzt wird. Aus der transformierten Gleichung (4) und der *Substitutionsformel* (1) kann man im allgemeinen die gegebene Gleichung ableiten, wie man sich leicht überzeugen kann. Bei einer cubischen Gleichung (a) können a_1, b_1, c_1 so gewählt werden, dass P und Q verschwinden, und so findet man y (**Tchirnhausen**). Daraus gewinnt man x, indem man bemerkt, dass 1, x, x^2 sich verhalten wie die den Elementen einer Zeile der Determinante (4) entsprechenden Unterdeterminanten.

Uebungsaufgaben 92. 1° Uebungsaufgabe 12 der *Einleitung*. 2° Auflösung des folgenden Systems durch das in II angegebene Verfahren :

$$\begin{cases} x^2 + y^2 + z^2 = 1, \\ a_1 x + b_1 y + c_1 z = ux, \\ a_2 x + b_2 y + c_2 y = uy, \\ a_3 x + b_3 y + c_3 z = uz. \end{cases}$$

Man findet ein merkwürdiges Resultat, welches man verallgemeinern kann, indem man den durch Auflösung der vier Gleichungen gefundenen Wert von u mit demjenigen vergleicht, welcher sich durch Elimination von x, y, z aus den drei letzteren Gleichungen ergiebt.

**93. Die allgemeine Gleichung vierten Grades kann durch die cubische Substitution $y = a + bx + cx^2 + dx^3$ auf die Form $y^4 + Py^2 + Q = 0$ gebracht werden.

94. Man eliminire x aus einer Gleichung n^{ten} Grades in x und der Relation $y = Fx : fx$, wo Fx und fx irgendwelche Polynome bedeuten. Die Resultante ist vom Grade n in y; aber die gegebene Gleichung in x darf keine Wurzel mit $fx = 0$ gemeinschaftlich haben (Cayley**).

**III. Elimination für zwei Gleichungen von beliebigen Graden.

33. *Dialytische Methode.* I. Zu grösserer Leichtigkeit nehmen wir eine Gleichung 5ten Grades und eine 3ten Grades:

$$F = a_0 + a_1 x + a_2 x^2 + a_3 x^3 + a_4 x^4 + a_5 x^5 = 0,$$
$$f = b_0 + b_1 x + b_2 x^2 + b_3 x^3 = 0.$$

Für jede gemeinschaftliche Wurzel x hat man:
$$x^2 F = 0, \ xF = 0, \ F = 0, \ f = 0, \ xf = 0, \ x^2 f = 0, \ x^3 f = 0, \ x^4 f = 0; \quad (1)$$
diese Gleichungen schreibe man so:

$$a_0 x^2 + a_1 x^3 + a_2 x^4 + a_3 x^5 + a_4 x^6 + a_5 x^7 = 0,$$
$$a_0 x + a_1 x^2 + a_2 x^3 + a_3 x^4 + a_4 x^5 + a_5 x^6 = 0,$$
$$a_0 + a_1 x + a_2 x^2 + a_3 x^3 + a_4 x^4 + a_5 x^5 = 0;$$
$$b_0 + b_1 x + b_2 x^2 + b_3 x^3 = 0,$$
$$b_0 x + b_1 x^2 + b_2 x^3 + b_3 x^4 = 0,$$
$$b_0 x^2 + b_1 x^3 + b_2 x^4 + b_3 x^5 = 0,$$
$$b_0 x^3 + b_1 x^4 + b_2 x^5 + b_3 x^6 = 0,$$
$$b_0 x^4 + b_1 x^5 + b_2 x^6 + b_3 x^7 = 0.$$

Man betrachtet in den $(3 + 5)$ Gleichungen die Grössen $x, x^2, x^3, x^4, x^5, x^6, x^7$ als von einander verschiedene Unbekannten. Dann erhält man durch Elimination die Bedingung $S = 0$, wenn

$$S = \begin{vmatrix} & & a_0 & a_1 & a_2 & a_3 & a_4 & a_5 \\ & a_0 & a_1 & a_2 & a_3 & a_4 & a_5 & \\ a_0 & a_1 & a_2 & a_3 & a_4 & a_5 & & \\ b_0 & b_1 & b_2 & b_3 & & & & \\ & b_0 & b_1 & b_2 & b_3 & & & \\ & & b_0 & b_1 & b_2 & b_3 & & \\ & & & b_0 & b_1 & b_2 & b_3 & \\ & & & & b_0 & b_1 & b_2 & b_3 \end{vmatrix}.$$

Zur Abkürzung hat man die Null-Elemente nicht geschrieben. S heisst die *Sylvester-Eliminante* der Gleichungen $F = 0$, $f = 0$; $S = 0$ ist die *Resultante* von $F = 0$, $f = 0$ und drückt die notwendige Bedingung aus, damit $F = 0$ und $f = 0$ wenigstens eine gemeinschaftliche Wurzel r oder dass F und f wenigstens einen gemeinschaftlichen linearen Factor $x - r$ haben.

Diese Bedingung ist auch *hinreichend*. Denn, hat man $S = 0$, so besteht dieselbe lineare Relation zwischen den Elementen jeder Colonne von S (N^r 20 oder 30), und man kann setzen:

$$\lambda_0 a_0 \quad\quad\quad\quad + \mu_0 b_0 = 0,$$
$$\lambda_0 a_1 + \lambda_1 a_0 \quad\quad\quad + \mu_0 b_1 + \mu_1 b_0 = 0,$$
$$\lambda_0 a_2 + \lambda_1 a_1 + \lambda_2 a_0 + \mu_0 b_2 + \mu_1 b_1 + \mu_2 b_0 = 0,$$
$$\lambda_0 a_3 + \lambda_1 a_2 + \lambda_2 a_1 + \mu_0 b_3 + \mu_1 b_2 + \mu_2 b_1 + \mu_3 b_0 = 0,$$
$$\lambda_0 a_4 + \lambda_1 a_3 + \lambda_2 a_2 \quad\quad + \mu_1 b_3 + \mu_2 b_2 + \mu_3 b_1 + \mu_4 b_0 = 0,$$
$$\lambda_0 a_5 + \lambda_1 a_4 + \lambda_2 a_3 \quad\quad\quad + \mu_2 b_3 + \mu_3 b_2 + \mu_4 b_1 = 0,$$
$$+ \lambda_1 a_5 + \lambda_2 a_4 \quad\quad\quad\quad\quad + \mu_3 b_3 + \mu_4 b_2 = 0,$$
$$\lambda_2 a_5 \quad\quad\quad\quad\quad\quad\quad\quad + \mu_4 b_3 = 0;$$

hier bedeuten λ_0, λ_1, λ_2, μ_0, μ_1, μ_2, μ_3, μ_4 Grössen, welche nicht alle null sind. Multipliciert man diese Relationen beziehungsweise mit 1, x, x^2, x^3, x^4, x^5, x^6, x^7, wo x einen beliebigen Wert hat, und addirt man die Producte, so folgt:

$$(\lambda_0 + \lambda_1 x + \lambda_2 x^2) F + (\mu_0 + \mu_1 x + \mu_2 x^2 + \mu_3 x^3 + \mu_4 x^4) f = 0. \quad (2)$$

Wenn eine der Grössen λ von Null verschieden ist, so ist es auch wenigstens eine der Grössen μ, denn sonst hätte man $F = 0$ für jeden Wert von x. Da keines der vier Polynome in (2) identisch gleich null ist, so schliesst man aus der Identität (2), dass das Polynom f dritten Grades Teiler von $(\lambda_0 + \lambda_1 x + \lambda_2 x^2) F$ ist; also haben f und F mindestens einen gemeinschaftlichen linearen Factor $x - r$, und die Gleichungen $F = 0$, $f = 0$ haben die gemeinschaftliche Wurzel r.

II. Wir setzen jetzt:

$$S_1 = \begin{vmatrix} a_0 & a_1 & a_2 & a_3 & a_4 & a_5 \\ a_1 & a_2 & a_3 & a_4 & a_5 & \\ b_1 & b_2 & b_3 & & & \\ b_0 & b_1 & b_2 & b_3 & & \\ & b_0 & b_1 & b_2 & b_3 & \\ & & b_0 & b_1 & b_2 & b_3 \end{vmatrix}, \quad S_2 = \begin{vmatrix} a_2 & a_3 & a_4 & a_5 \\ b_2 & b_3 & & \\ b_1 & b_2 & b_3 & \\ b_0 & b_1 & b_2 & b_3 \end{vmatrix}, \quad S_3 = \begin{vmatrix} b_3 & \\ b_2 & b_3 \end{vmatrix}.$$

und nennen S_1, S_2, S_3 *erste, zweite, dritte Haupt-Unterdeterminante* von S. Man erhält S_1 aus S, S_2 aus S_1, S_3 aus S_2, indem man in S, S_1 oder S_2 die erste und die letzte Zeile, die erste und die letzte Colonne unterdrükt.

III. Ferner setzen wir
$$\varphi = c_0 + c_1 x + c_2 x^2 + c_3 x^3 + c_4 x^4, \quad \psi = d_0 + d_1 x + d_2 x^2,$$
so dass

$a_0 = -rc_0$, $\quad a_1 = c_0 - rc_1$, $\quad a_2 = c_1 - rc_2$,

$a_3 = c_2 - rc_3$, $\quad a_4 = c_3 - rc_4$, $\quad a_5 = c_4$;

$b_0 = -rd_0$, $\quad b_1 = d_0 - rd_1$, $\quad b_2 = d_1 - rd_2$, $\quad b_3 = d_2$.

Damit die Gleichungen $\varphi = 0$, $\psi = 0$ eine gemeinschaftliche Wurzel s haben, ist erforderlich und hinreichend, dass $S' = 0$, wenn

$$S' = \begin{vmatrix} & c_0 & c_1 & c_2 & c_3 & c_4 & \\ c_0 & c_1 & c_2 & c_3 & c_4 & & \\ d_0 & d_1 & d_2 & & & & \\ & d_0 & d_1 & d_2 & & & \\ & & d_0 & d_1 & d_2 & & \\ & & & d_0 & d_1 & d_2 & \end{vmatrix}.$$

Ziehen wir in S' die mit r multiplicirten Colonnen 2, 3, 4, 5, 6 beziehungsweise von den Colonnen 1, 2, 3, 4, 5 ab, so finden wir $S' = S_1$. Also ist $S_1 = 0$ die notwendige und hinreichende Bedingung dafür, dass die Gleichungen $\varphi = 0$, $\psi = 0$ eine gemeinschaftliche Wurzel haben.

So ist auch $S_2 = 0$ die notwendige und hinreichende Bedingung dafür, dass die Gleichungen $\chi = 0$, $\omega = 0$ eine gemeinschaftliche Wurzel haben, vorausgesetzt dass $\varphi = (x-s)\chi$, $\psi = (x-s)\omega$ **Falk**).

IV. Vorstehende Resultate kann man in folgendem Satze zusammenfassen: *Die notwendigen und hinreichenden Bedingungen für eine einzige gemeinschaftliche Wurzel von $F = 0$, $f = 0$, sind $S = 0$, S_1 verschieden von 0; für zwei (und nur zwei) gemeinschaftliche Wurzeln: $S = 0$, $S_1 = 0$, S_2 verschieden von 0; für drei: $S = 0$, $S_1 = 0$, $S_2 = 0$, S_3 verschieden von 0 (was in dem betrachteten Falle stattfindet, da $S_3 = b_3^2$).*

Uebungsaufgabe 95. Bedeuten a, b Polynome in y, so hat die Resultante $S = 0$ zu Wurzeln die Werte u, v,... von y, welche mit geeigneten Werten von x den Gleichungen $F = 0$, $f = 0$ genügen. Aus N^r 33, IV kann man ein Mittel ableiten, um zu erfahren, ob einem Werte $y = u$ ein oder mehrere Werte von x entsprechen, ohne diese selbst zu bestimmen.

34. *Gleichung mit den gemeinschaftlichen Wurzeln.* I. Wenn $S = 0$, S_1 verschieden von 0 ist, so verhalten sich die Grössen 1. x, x^2, x^3, x^4, x^5, x^6, nach der allgemeinen Theorie der Elimination, wie die den Elementen irgend einer Zeile entsprechenden Unterdeterminanten. Wir betrachten zum Beispiele die erste Zeile; dann findet man (nach Division durch einen gemeinschaftlichen Factor):

$$(-x) : 1 = \begin{vmatrix} & a_1 & a_2 & a_3 & a_4 & a_5 \\ a_0 & a_2 & a_3 & a_4 & a_5 \\ b_0 & b_2 & b_3 \\ b_1 & b_2 & b_3 \\ b_0 & b_1 & b_2 & b_3 \\ b_0 & b_1 & b_2 & b_3 \end{vmatrix} : \begin{vmatrix} a_0 & a_1 & a_2 & a_3 & a_4 & a_5 \\ a_1 & a_2 & a_3 & a_4 & a_5 \\ b_1 & b_2 & b_3 \\ b_0 & b_1 & b_2 & b_3 \\ b_0 & b_1 & b_2 & b_3 \\ b_0 & b_1 & b_2 & b_3 \end{vmatrix}.$$

Bezeichnen M, N die beiden letzten Determinanten, so hat man $Mx + N = 0$ oder zufolge der Eigenschaft VI:

$$\begin{vmatrix} a_0 x & a_1 & a_2 & a_3 & a_4 & a_5 \\ a_0 + a_1 x & a_2 & a_3 & a_4 & a_5 \\ b_0 + b_1 x & b_2 & b_3 \\ b_0 x & b_1 & b_2 & b_3 \\ & b_0 & b_1 & b_2 & b_3 \\ & b_0 & b_2 & b_3 \end{vmatrix} = \begin{vmatrix} xF & a_1 & a_2 & a_3 & a_4 & a_5 \\ F & a_2 & a_3 & a_4 & a_5 \\ f & b_2 & b_3 \\ xf & b_1 & b_2 & b_3 \\ x^2 f & b_0 & b_1 & b_2 & b_3 \\ x^3 f & b_0 & b_1 & b_2 & b_3 \end{vmatrix} = 0. \quad (e)$$

Die zweite Form ergiebt sich aus der ersten, indem man zur ersten Colonne der ersten Determinanten die beziehungsweise mit x^2, x^3, x^4, x^5, x^6 multiplicierten Colonnen 2, 3, 4, 5, 6 addiert.

II. Man kann auch leicht *a posteriori* beweisen, dass die Gleichung (e) durch die einzige den Gleichungen $F = 0$, $f = 0$ gemeinschaftliche Wurzel r genügt wird. Nämlich : 1° Nach ihrer ersten Form ist die Gleichung (e) nicht eine Identität, da man sie schreiben kann $Mx + N = 0$ und der Coefficient von x gleich der von Null verschiedenen Unterdeterminante S_1 ist. 2° Nennt man U_1 die zweite Determinante (e), so ist U_1 durch $x - r$ teilbar, da ja $x - r$ ein Factor der Elemente xF, F, f, xf, $x^2 f$, $x^3 f$ der ersten Colonne von U_1 ist.

Man bemerke, dass U_1 sich von S_1 herleitet, indem man die erste Colonne von S_1 durch $[xF, F, f, xf, x^2 f, x^3 f]$ ersetzt.

Uebungsaufgaben. 96. Haben $F = 0, f = 0$ zwei (und nur zwei) gemeinschaftliche Wurzeln, so findet man diese durch Auflösung der Gleichung $U_1 = 0$, wenn U_1 die Determinante S_1 nach Einsetzung von $[F, f, xf, x_2 f]$ an Stelle der ersten Colonne von S_1 be leutet. Ein analoger Satz findet statt bei drei gemeinschaftlichen Wurzeln.

97. Haben die Gleichungen $F = 0, f = 0$ eine einzige gemeinschaftliche Wurzel r, so sind die Gleichungen $\varphi = 0, \psi = 0$ (s. N^r 33, III), zufolge der Gleichung (2) von N^r 33, I, gleichbedeutend mit

$$\mu_0 + \mu_1 x + \mu_2 x^2 + \mu_3 x^3 + \mu_4 x^4 = 0, \quad \lambda_0 + \lambda_1 x + \lambda_2 x^2 = 0. \quad (a)$$

Die Grössen λ, μ ergeben sich aus den Gleichungen der N^r 33, die ihnen zur Erklärung gedient haben; setzt man ihre Werte in (a) ein, so erhält man zwei Gleichungen, welche wir mit $V = 0, W = 0$ bezeichnen und die den vorgelegten Gleichungen nicht gemeinschaftliche Wurzeln haben. Hier sind V und W gleich der Determinante S, in welcher die erste Colonne beziehungsweise durch $[0, 0, 0, 1, x, x^2, x^3, x^4]$ und $[x^2, x, 1, 0, 0, 0, 0, 0]$ ersetzt wird. Ein analoger Satz ist anwendbar bei zwei oder drei gemeinschaftlichen Wurzeln.

98. Haben die Gleichungen $F = 0, f = 0$ zwei gemeinschaftliche Wurzeln, so muss die lineare Function U_1 identisch gleich Null sein, da sie einen Teiler 2ten Grades hat. Folglich sind auch alle zweiten Unterdeterminanten von S null, welche durch das Schema S dargestellt sind, wo man die erste und die letzte Zeile streicht. Ein analoger Satz ergiebt sich bei drei gemeinschaftlichen Wurzeln.

35. Methode von Cauchy. I. Wir betrachten wieder die Gleichungen $F = 0, f = 0$ der N^r 33 und schreiben :

$$F = \alpha_0 + x\gamma_4 = \alpha_1 + x^2 \gamma_3 = \alpha_2 + x^3 \gamma_2,$$
$$f = \beta_0 + x\partial_2 = \beta_1 + x^2 \partial_1 = \beta_2 + x^3 \partial_0;$$

$\alpha_i, \beta_i, \gamma_i, \partial_i$ bedeuten Polynome i^{ten} Grades in x; die beiden ersten α_i, β_i bestehen beziehungsweise aus den $(i + 1)$ ersten Gliedern von F und f. Ferner setzen wir :

$$C_0 = F \partial_2 - f \gamma_4 = \alpha_0 \partial_2 - \beta_0 \gamma_4 = c_{00} + c_{01} x + c_{02} x^2 + c_{03} x^3 + c_{04} x^4.$$
$$C_1 = F \partial_1 - f \gamma_3 = \alpha_1 \partial_1 - \beta_1 \gamma_3 = c_{10} + c_{11} x + c_{12} x^2 + c_{13} x^3 + c_{14} x^4.$$
$$C_2 = F \partial_0 - f \gamma_2 = \alpha_2 \partial_0 - \beta_2 \gamma_2 = c_{20} + c_{21} x + c_{22} x^2 + c_{23} x^3 + c_{24} x^4;$$

die Anzahl der Hülfspolynome C ist gleich dem niedrigsten Grade der Polynome F und f. Die Coefficienten ergeben sich aus einem einfachen Satze : bedeutet d_{ik} das Binom $a_i b_{k+1} - a_{k+1} b_i$, so ist

$$c_{ik} = c_{ki}, \quad c_{ik} = d_{ik} + c_{i-1, k+1},$$

für geeignete Werte von i und k. Der Beweis dieses Satzes unterbleibe hier, da wir ihn nicht anwenden werden.

Eine den Gleichungen $F = 0, f = 0$ gemeinschaftliche Wurzel r genügt folgenden Gleichungen, deren Anzahl dem höchsten Grade der Polynome F und f gleich ist:

$$C_0 = 0, \quad C_1 = 0, \quad C_2 = 0, \quad f = 0, \quad xf = 0.$$

Betrachtet man hier x, x^2, x^3, x^4 als von einander verschiedene Unbekannten, so giebt die Elimination dieser Grössen eine Gleichung $R = 0$, wo

$$R = \begin{vmatrix} c_{00} & c_{01} & c_{02} & c_{03} & c_{04} \\ c_{10} & c_{11} & c_{12} & c_{13} & c_{14} \\ c_{20} & c_{21} & c_{22} & c_{23} & c_{24} \\ b_0 & b_1 & b_2 & b_3 & \\ & b_0 & b_1 & b_2 & b_3 \end{vmatrix}$$

gesetzt ist. R ist die *Eliminante von Cauchy*. Man sieht, dass eine gemeinschaftliche Wurzel der Gleichungen $F = 0, f = 0$ nur besteht, wenn $R = 0$; diese Bedingung ist auch hinreichend, was man wie oben N^r 33 beweisen kann.

II. Die Gleichungen

$$C_0 = 0, C_1 = 0, C_2 = 0, f = 0, xf = 0, x^2 f = 0, xf^2 = 0, x^4 f = 0, \quad (3)$$

haben eine *Eliminante* M; entwickelt man diese, so findet man leicht $M = b_5^3 R$.

Man schreibe die drei ersten der Gleichungen (3) in der Form:

$$F(b_1 + b_2 x + b_3 x^2) - f(a_1 + a_2 x + a_3 x^2 + a_4 x^3 + a_5 x^4) = 0,$$
$$F(b_2 + b_3 x) - f(a_2 + a_3 x + a_4 x^2 + a_5 x^3) = 0,$$
$$F b_3 - f(a_3 + a_4 x + a_5 x^2) = 0;$$

hieraus sieht man, dass auf einfachem Wege das System (1) aus dem System (3) hergeleitet wird. Dasselbe Verfahren führt M in $b_3^3 S$ über. Folglich ist $M = b_3^3 R = b_3^3 S$, und somit $R = S$. Zugleich ist erwiesen, dass $R_1 = S_1, R_2 = S_2, R_3 = S_3$, wenn R_1, R_2, R_3 nichts anderes sind als die Determinanten R, R_1, R_2, in denen man die erste Zeile und erste Colonne gestrichen hat. Also kann man in N^r 33, IV, S. S_1, S_2, S_3 durch R, R_1, R_2, R_3 ersetzen.

Um die Gleichungen $R = S, R_1 = S_1$, u. s. w., zu beweisen, kann man dem Producte $\pm R^2$ die erste der in Ueb. 68 angewandten Formen geben (man ändert die Vorzeichen der letzten Hälfte der Zeilen); die neue Determinante ist das Product von $\pm S$, in welchem die Elemente der Zeilen

2, 4, 6, ... ihr Vorzeichen gewechselt haben, mit derselben unter einer etwas verschiedenen Form geschriebenen Determinante $\pm$ S (Le Paige).

36. Das Theorem von Bézout über Elimination. Die in N^r 33 gebrauchten Buchstaben a_i, b_i sollen jetzt Polynome von den Graden $5 - i$, $3 - i$ in einer zweiten Unbekannten y bedeuten, so dass $a_i x^i$ vom Grade 5 und $b_i x^i$ vom Grade 3 in x und y sind. Wir werden dann beweisen, dass S (oder R) höchstens den Grad 5×3 in y erreicht (höchstens den Grad mn, wenn m und n die Grade der Polynome F und f bezeichnen). Zu diesem Zwecke ersetzen wir in S die Grössen $a_0, a_1, a_2, a_3, a_4, a_5$ bezüglich durch $a_0 t^5, a_1 t^4, a_2 t^3, a_3 t^2, a_4 t, a_5$, sowie auch b_0, b_1, b_2, b_3 durch $b_0 t^3, b_1 t^2, b_2 t, b_3$. Hiermit wird jede Grösse a oder b, folglich auch jedes Glied von S, mit einer Potenz von t multipliciert, deren Grad genau dem Grade dieses Gliedes in y gleich ist; die also transformierte Determinante S heisse T. Nun multiplicieren wir die Colonnen von T beziehungsweise mit 1, $t, t^2, t^3, t^4, t^5, t^6, t^7$ und dividieren nachher die Zeilen durch $t^7, t^6, t^5, 1, t, t^2, t^3, t^4$. Der Wert von T bleibt ungeändert, aber S geht identisch in T über, wenn man die 5 letzten Zeilen von S mit t^5 multipliciert, daher ist $T = St^{15}$, und da jedes Glied von S mit t^{15} multipliciert wurde, so muss es vom 15ten Grade sein. Der Satz ist hiermit bewiesen (Janni).

Die der Gleichungen $F = 0, f = 0$ entsprechenden Curven haben 5×3 Schnittpuncte. Diese Anzahl kann nicht niedriger sein, wenn man *allgemeine* Gleichungen betrachtet; denn, nimmt man für die erste Curve ein System von 5 Geraden, für die zweite ein System von 3 Geraden, so hat man 15 Schnittpuncte (mn Schnittpuncte für ein System von m Geraden mit einem System von n Geraden) (Cremona). Also *ist die Resultante von zwei Gleichungen von den Graden m und n im allgemeinen vom Grade mn und die entsprechenden Curven haben mn gemeinschaftliche Puncte* (welche reell oder imaginär, verschieden oder zusammenfallend sind).

Uebungsaufgabe. 100. Sind in einer Gleichung p^{ten} Grades in x und y die niedrigsten Glieder vom Grade p', so sagt man, dass die entsprechende Curve im Anfangspuncte O einen mehrfachen Punct von der Ordnung p' hat. Es wird nun gefragt, durch welche Potenz von y die Resultante $S = 0$ von $F = 0, f = 0$ teilbar sei, wenn die entsprechenden Curven beziehungsweise von den Graden m und n sind und die erste in O einen Punct der Ordnung m', die zweite in O : 1° einen gewöhnlichen Punct; 2° einen Punct der Ordnung n' hat.

ANHANG.

I. Determinante als symbolisches Product.

**25. Definition mittelst symbolischer Producte. I. Das Product

$$(a_1 i + b_1 j)(a_2 i + b_2 j)$$

lässt sich schreiben

$$a_1 a_2 i^2 + a_1 b_2 ij + a_2 b_1 ji + b_1 b_2 j^2,$$

indem man die Factoren zusammenstellt, ohne sie zu invertieren. Ersetzen wir in diesem Ausdrucke i^2, j^2 durch Null, und ji durch $-ij$, so wird derselbe

$$(a_1 b_2 - a_2 b_1) ij.$$

Ersetzen wir dann ij durch die *Einheit*, so bekommen wir

$$a_1 b_2 - a_2 b_1.$$

Man kann also conventionell schreiben

$$|ab| = (a_1 i + b_1 j)(a_2 i + b_2 j),$$

wofern man das Product des zweiten Gliedes der Gleichung bildet ohne i, j zu invertieren und die angezeigten Abänderungen vornimmt.

II. Man kann auch symbolisch schreiben

$$|abc| = (a_1 i + b_1 j + c_1 k)(a_2 i + b_2 j + c_2 k)(a_3 i + b_3 j + c_3 k),$$

wofern man in dem Producte des zweiten Gliedes der Gleichung: 1º die Factoren ijk zusammenstellt ohne sie zu invertieren 2º i^2, j^2, k^2 durch 0, ji durch $-ji$, kj durch $-jk$, ki durch $-ik$, ijk durch 1 ersetzt.

Man findet zuerst als Product der zwei ersten Factoren

$$(a_1 b_2 - a_2 b_1) ij + (b_1 c_2 - b_2 c_1) jk + (a_2 c_1 - a_1 c_2) ki \text{ oder } A_3 jk + B_3 ki + C_3 ij.$$

und dann

$$(A_3 jk + B_3 ki + C_3 ij)(a_3 i + b_3 j + c_3 k) = a_3 A_3 + b_3 B_3 + c_3 C_3 = |abc|.$$

III. Obiges lässt sich auf eine beliebige Determinante ausdehnen. So ist symbolisch

$$|abcd| = (a_1 i + b_1 j + c_1 k + d_1 l) \times (a_2 i + b_2 j + c_2 k + d_2 l)$$
$$\times (a_3 i + b_3 j + c_3 k + d_3 l) \times (a_4 i + b_4 j + c_4 k + d_4 l),$$

wofern man in dem Producte des zweiten Gliedes der Gleichung die Factoren i, j, k, l nicht invertiert; ferner i^2, j^2, k^2, l^2 durch 0, ji, ki u. s. w. durch $-ij, -ik$, u. s. w. und $ijkl$ durch 1 ersetzt.

II. Dialytische Eliminations-Methode.

I. *Nothwendige Bedingung.* Es seien die Polynome gegeben :
$$P = p_0 x^5 + p_1 x^4 + \cdots + p_5 = (a_0 x^3 + a_1 x^2 + a_2 x + a_3)(c_0 x^2 + c_1 x + c_2),$$
$$Q = q_0 x^4 + q_1 x^3 + \cdots + q_4 = (b_0 x^2 + b_1 x + b_2)(c_0 x^2 + c_1 x + c_2),$$

welche einen gemeinsamen Factor haben. Die Coefficienten p, q von P, Q, lassen sich durch die Coefficienten a, b, c, ausdrücken. Ersetzt man sie durch diese Werte in der Sylvester-Eliminante der Polynome P,Q, so wird man finden, dass diese gleich ist der Sylvester-Eliminante der Polynome

$$a_0 x^5 + a_1 x^4 + a_2 x^3 + a_3 x^2 + 0.x + 0,$$
$$b_0 x^4 + b_1 x^3 + b_2 x^2 + b_3 x + 0;$$

und dass diese Eliminante null ist, weil sie zwei aus Nullen zusammengesetzte Colonnen enthält.

II. Der Lehrsatz der dialytischen Methode lässt sich aus der Theorie des grössten gemeinschaftlichen Teilers ableiten, ohne dass man nötig hat, sich auf das Princip, dass jede algebraische Gleichung eine Wurzel hat, zu stützen. In dieser Darstellungsweise lautet das Princip der dialytischen Methode:

Zwei ganze Polynome F, f *haben dann* (N^r 33) *und nur dann einen gemeinschaftlichen Teiler, wenn die Sylvester-Eliminante von* F *und* f *null ist.*

III. Vermischte Uebungsaufgaben.

101. **Bonolis' Regel.** Man findet acht Glieder der Determinante | abcd |, wenn man *mit regelmässiger Abwechselung der Vorzeichen* + und − die Producte der vier Elemente der ersten Diagonale und der drei parallelen Reihen der Tafel |' abcdabc |] (Zeilen 1234), sowie die der zweiten Diagonale und der parallelen Reihen ausschreibt Die sechzehn andern Glieder findet man, wenn man die Determinanten − | abcd |, und + | adbc | ähnlicherweise behandelt.

**102. Bonolis' Regel auf alle Determinanten gerader und Sarrus' Regel (N^r 9) auf alle Determinanten ungerader Elementenzahl auszudehnen.

103. Die Determinante
$$\begin{vmatrix} 2, & 0, & 4 \\ 3, & 5, & 7 \\ 6, & 6, & 3 \end{vmatrix}$$
ist teilbar durch 17, weil 204, 357, 663 durch 17 teilbar sind.

104. In einer Determinante gerader Elementenzahl, kann man die Vorzeichen aller geraden Elemente wechseln (s. Ueb. 15).

105. Folgende Relationen zu verallgemeinern (Vgl. N^r 19, III und Ueb. 58):

$$\begin{vmatrix} a_1 & b_1 & c_1 \\ a_2 & b_2 & c_2 \\ a_3 & b_3 & c_3 \end{vmatrix} = \frac{1}{a_1 b_1 c_1} \begin{vmatrix} 1 & 1 & 1 \\ a_2 b_1 c_1 & a_1 b_2 c_1 & a_1 b_1 c_2 \\ a_3 b_1 c_1 & a_1 b_3 c_1 & a_1 b_1 c_3 \end{vmatrix} = \frac{1}{a_1} \begin{vmatrix} a_1 b_2 - a_2 b_1, & a_1 c_2 - a_2 c_1 \\ a_1 b_3 - a_3 b_1, & a_1 c_3 - a_3 c_1 \end{vmatrix}.$$

(Studnička)

106. Zu berechnen (Vergl. Ueb. 41, 2º)

$$A = \begin{vmatrix} \sin^2 a, & \sin a \cos a, & \cos^2 a \\ \sin^2 b, & \sin b \cos b, & \cos^2 b \\ \sin^2 c, & \sin c \cos c, & \cos^2 c \end{vmatrix}, \quad B = \begin{vmatrix} \sin^2 a, & \sin^2 a \cos^2 a, & \cos^2 a \\ \sin^2 b, & \sin^2 b \cos^2 b, & \cos^2 b \\ \sin^2 c, & \sin^2 c \cos^2 c, & \cos^2 c \end{vmatrix}$$

**107. Sind M und N ganze Functionen der Sinus und Cosinus von a, b, c, so ist

$$| \sin^{2p+1} a, \sin a, \cos a | = AM,$$
$$| \sin^{2p} a, \sin^2 a, \cos^2 a | = BN.$$

108. Wenn $P = \sin \frac{1}{2}(b - c) \sin \frac{1}{2}(c - a) \sin \frac{1}{2}(a - b)$, so hat man

$| \sin a, \cos a, \sin 2a | = P [\sin (b + c) + \sin (c + a) + \sin (a + b)]$;
$| \cos 2a, \sin a, 1 | = 16 P \cos \frac{1}{2}(b + c) \cos \frac{1}{2}(c + a) \cos \frac{1}{2}(a + b)$;
$| \cos a, \sin 2a, 1 | = 4 P [\cos a + \cos b + \cos c - \cos (a + b + c)]$;
$| \cos a, \tang a, 1 | \times \cos a \cos b \cos c = P$;
$| \sin 2a, \tang a, 1 | \times \cos a \cos b \cos c = 2P \sin (a + b + c)$.

109. $\begin{vmatrix} \sin a, & \cos a, & \sin(x + 3a) \\ \sin b, & \cos b, & \sin(x + 3b) \\ \sin c, & \cos c, & \sin(x + 3c) \end{vmatrix} = \begin{cases} -4 \sin(b - c) \sin(c - a) \sin(a - b) \\ \times \sin(x + a + b + c) \end{cases}$

$| 1, \sin 2a, \cos 2a, \cos(x + 4a) | = $ etc.;
$| \sin a, \cos a, \sin 3a, \cos 3a, \sin(x + 5a) | = $ etc.

**110. Setzt man $x^3 + Px^2 + Qx + R = (x - \alpha)(x - \beta)(x - \gamma)$,

$$\varphi x = A_0 + A_1 x + A_2 x^2 + A_3 x^3 + A_4 x^4,$$
$$\psi x = B_0 + B_1 x + B_2 x^2 + B_3 x^3 + B_4 x^4,$$
$$\chi x = C_0 + C_1 x + C_2 x^2 + C_3 x^3 + C_4 x^4,$$

so ergiebt sich

$$\begin{vmatrix} \varphi\alpha & \psi\alpha & \chi\alpha \\ \varphi\beta & \psi\beta & \chi\beta \\ \varphi\gamma & \psi\gamma & \chi\gamma \end{vmatrix} = \begin{vmatrix} A_0 & A_1 & A_2 & A_3 & A_4 \\ B_0 & B_1 & B_2 & B_3 & B_4 \\ C_0 & C_1 & C_2 & C_3 & C_4 \\ R & Q & P & 1 & 0 \\ 0 & R & Q & P & 1 \end{vmatrix} \begin{vmatrix} 1 & \alpha & \alpha^2 \\ 1 & \beta & \beta^2 \\ 1 & \gamma & \gamma^2 \end{vmatrix}$$

(Vgl. 19, Ueb. 11, a. E.). Man kann beweisen, dass $A_m B_n C_p$ in beiden Gliedern der Gleichungen mit gleichen Quantitäten multiplicirt wurden.

111. Man kann gemäss obiger Aufgabe die Determinanten ausrechnen, in welchen die Elemente jeder Zeile positive ganze Potenzen des Sinus und Cosinus eines und desselben Winkels, oder der Sinus und Cosinus der ganzen Multipel eines und desselben Winkels sind (G. Loria**)

*112. Wenn $i = \sqrt{-1}$, so haben wir

$$\begin{vmatrix} a & b \\ -b & a \end{vmatrix} = \frac{1}{2i} \begin{vmatrix} a + bi & b - ai \\ -2bi & 2ai \end{vmatrix} = \frac{1}{2i} \begin{vmatrix} a + bi & b - ai \\ a - bi & b + ai \end{vmatrix}$$

$$= \frac{1}{2i} \begin{vmatrix} a + bi & 0 \\ a - bi & 2b + 2ai \end{vmatrix} = \begin{vmatrix} a + bi & 0 \\ a - bi & a - bi \end{vmatrix}.$$

Aehnliche Rechnungen (**Baltzer**) ermöglichen den Beweis, dass jede Determinante von der Form

$$\begin{vmatrix} a & b & c & d & e & f & \dots \\ -b & a & -d & c & -f & e & \dots \\ p & q & r & s & t & u & \dots \\ -q & p & -s & r & -u & t & \dots \end{vmatrix}$$

die Summe von zwei Quadraten ist (**Voigt**).

113.
$$\begin{vmatrix} ax-by-cz & ay+bx & az+cx \\ ay+bx & by-cz-ax & bz+cy \\ az+cx & bz+cy & cz-ax-by \end{vmatrix} = (a^2+b^2+c^2)(x^2+y^2+z^2)(ax+by+cz).$$

Fall wo $x=a, y=b, z=c$.

114. $|a+pb, b+qc, c+ra| = |a, b, c|(1+pqr);$

$|a+pb+qc, b+rc+sa, c+ta+ub| =$ etc.

115.
$$\begin{vmatrix} 2a & a+b+c & a+b+c \\ a+b+c & 2b & a+b+c \\ a+b+c & a+b+c & 2c \end{vmatrix} = 8abc.$$

116.
$$\begin{vmatrix} (a+b)^2 & ca & bc \\ ca & (b+c)^2 & ab \\ bc & ab & (c+a)^2 \end{vmatrix} = 2abc(a+b+c)^3.$$

117.
$$\begin{vmatrix} 1, & b+c+d, & bc+cd+db, & bcd \\ 1, & c+d+a, & cd+da+ac, & cda \\ \dots & & & \end{vmatrix} = |1, a, a^2, a^3|.$$

118.
$$\begin{vmatrix} 1 & a & a^2 & a^3 \\ a^{-1} & 1 & b & b^2 \\ a^{-2} & b^{-1} & 1 & c \\ a^{-3} & b^{-2} & c^{-1} & 1 \end{vmatrix} = \frac{(a-b)^2(a+b)(c-a)(b-c)}{a^2b^2c}.$$

119. Wenn
$$x = by + cz + du + ev,$$
$$y = cz + du + ev + ax,$$
$$z = du + ev + ax + by,$$
$$u = ev + ax + by + cz,$$
$$v = ax + by + cz + du,$$

hat man
$$\frac{a}{1+a} + \frac{b}{1+b} + \frac{c}{1+c} + \frac{d}{1+d} + \frac{e}{1+e} = 1.$$

120. Eine Determinante hat das Vorzeichen seines ersten Gliedes, wenn jedes Element seiner Diagonale an absolutem Werte die Summe der absoluten Werte der andern Elemente derselben Zeile übersteigt (L. Lévy**).

Denn 1° der Lehrsatz ist wahr, wenn alle Elemente, ausser denen der Diagonale Null sind; 2° wenn diese anderen Elemente von Null ab an absolutem Werte wachsen, ohne dass in irgend einer Zeile die Summe ihrer absoluten Werte den absoluten Wert des Elementes der Diagonale übersteigt, so kann die Determinante nicht Null werden. Sonst gäbe es ein entsprechendes System homogener linearer Gleichungen, das sich auflösen liesse durch Werte der Unbekannten, die nicht null wären, so dass eine Gleichung des Systems absurd sein müsste.

**121. Das System
$$a_i x + b_i y + c_i z + d_i u + e_i v = 0, \quad (i = 1, 2, 3, 4)$$
$$a_5 x + b_5 y + c_5 z + d_5 u + e_5 v = 1,$$
kann dargestellt werden in folgender Form :
$$\alpha_1 x + \beta_1 y = 0,$$
$$\gamma_1 x + \alpha_2 y + \beta_2 z = 0,$$
$$\gamma_2 y + \alpha_3 z + \beta_3 u = 0,$$
$$\gamma_3 z + \alpha_4 u + \beta_4 v = 0,$$
$$\gamma_4 u + \alpha_5 v = \delta.$$

Wenn man die aus den beiden Systemen gezogenen Werte von x gleichstellt, ergiebt sich **Muir's** Lehrsatz : *Eine Determinante, welche mit gewissen ihrer Unterdeterminanten multipliciert wird, ist gleich einer Continuante* (Vgl. Ueb. 81) **(Chrystal).**

**122.
$$\begin{vmatrix} 1 & P & Q & R \\ a_1 & b_1 - a_1 x & c_1 - b_1 x & -c_1 x \\ a_2 & b_2 - a_2 x & c_2 - b_2 x & -c_2 x \\ a_3 & b_3 - a_3 x & c_3 - b_3 x & -c_3 x \end{vmatrix}$$

ist die *einzige* mit Elementen vom ersten Grade in Bezug auf x in den drei untersten ihrer Zeilen Determinante, welche gleich ist $x^3 + Px^2 + Qx + R$ multipliciert mit einem von x, P, Q, R unabhängigen Factor (C. Bourlet).

*123.
$$\begin{vmatrix} x_1^2 + y_1^2 + z_1^2 & x_1 x_2 + y_1 y_2 + z_1 z_2 & x_1 x_3 + y_1 y_3 + z_1 z_3 & 1 \\ x_1 x_2 + y_1 y_2 + z_1 z_2 & x_2^2 + y_2^2 + z_2^2 & x_2 x_3 + y_2 y_3 + z_2 z_3 & 1 \\ x_1 x_3 + y_1 y_3 + z_1 z_3 & x_2 x_3 + y_2 y_3 + z_2 z_3 & x_3^2 + y_3^2 + z_3^2 & 1 \\ 1 & 1 & 1 & 0 \end{vmatrix} =$$
$$\begin{Vmatrix} x_1 - x_3 & y_1 - y_3 & z_1 - z_3 \\ x_2 - x_3 & y_2 - y_3 & z_2 - z_3 \end{Vmatrix}^2 \quad \text{(Comp. n° 25, I, 2°, 27, I).}$$

*124. Der Radius x eines Kreises, welcher äusserlich drei sich gegenseitig äusserlich berührende Kreise mit den Radien a, b, c berührt, ergiebt sich aus der Gleichung :
$$\begin{vmatrix} -1 & 1 & 1 & 1 & a^{-1} \\ 1 & -1 & 1 & 1 & b^{-1} \\ 1 & 1 & -1 & 1 & c^{-1} \\ 1 & 1 & 1 & -1 & x^{-1} \\ a^{-1} & b^{-1} & c^{-1} & x^{-1} & 0 \end{vmatrix} = 0.$$

*125.
$$\begin{vmatrix} y^2 & y & 1 \\ z^2 & z & 1 \\ u^2 & u & 1 \end{vmatrix} \begin{vmatrix} 1 & \alpha & \alpha^2 \\ 1 & \beta & \beta^2 \\ 1 & \gamma & \gamma^2 \end{vmatrix} = \begin{vmatrix} \dfrac{fy}{y-\alpha} & \dfrac{fy}{y-\beta} & \dfrac{fy}{y-\gamma} \\ \dfrac{fz}{z-\alpha} & \dfrac{fz}{z-\beta} & \dfrac{fz}{z-\gamma} \\ \dfrac{fu}{u-\alpha} & \dfrac{fu}{u-\beta} & \dfrac{fu}{u-\gamma} \end{vmatrix},$$

wenn $fx = (x-\alpha)(x-\beta)(x-\gamma)$ (**Cauchy**).

**126. Man erhält

$$(P+Q)^2 = \begin{vmatrix} 0 & a+\alpha & b+\beta & c+\gamma \\ -a-\alpha & 0 & f & g \\ -b-\beta & -f & 0 & h \\ -c-\gamma & -g & -h & 0 \end{vmatrix}, \quad PQ = \begin{vmatrix} h & a & b & c \\ -\alpha & 0 & f & g \\ -\beta & -f & 0 & h \\ -\gamma & -g & -h & 0 \end{vmatrix}.$$

wenn P^2, Q^2 respective der Wert der ersten Determinante ist unter der Voraussetzung $\alpha = \beta = \gamma = 0$ oder $a = b = c = 0$ (Vgl. Ueb. 20, 50) (**Cayley**).

127.
$$\begin{vmatrix} a+c & b+d & a+c & b+d \\ b+d & a+c & b+d & a+c \\ a+b & b+c & c+d & d+a \\ c+d & d+a & a+b & b+c \end{vmatrix} = 0.$$

128.
$$\begin{vmatrix} a & b & c \\ d & e & f \\ g & h & j \end{vmatrix} + x \begin{pmatrix} A+B+C \\ +D+E+F \\ +G+H+J \end{pmatrix} = \begin{vmatrix} a+x & b+x & c+x \\ d+x & e+x & f+x \\ g+x & h+x & j+x \end{vmatrix}.$$

129.
$$\begin{vmatrix} 0 & 1 & 1 & 1 & 1 \\ 1 & a & b & c & d \\ 1 & d & a & b & c \\ 1 & c & d & a & b \\ 1 & b & c & d & a \end{vmatrix} = \dfrac{-4}{a+b+c+d} \begin{vmatrix} a & b & c & d \\ d & a & b & c \\ c & d & a & b \\ b & c & d & a \end{vmatrix}.$$

130.
$$\begin{vmatrix} \dfrac{1}{1} & 1 & 0 & 0 \\ \dfrac{1}{1.2} & \dfrac{1}{1} & 1 & 0 \\ \dfrac{1}{1.2.3} & \dfrac{1}{1.2} & \dfrac{1}{1} & 1 \\ \dfrac{1}{1.2.3.4} & \dfrac{1}{1.2.3} & \dfrac{1}{1.2} & \dfrac{1}{1} \end{vmatrix} = \dfrac{1}{1.2.3.4}.$$

*131. Die cubische und die biquadratische Gleichung können dargestellt werden in der Form

$$\begin{vmatrix} x & a & b \\ b & x & a \\ a & b & x \end{vmatrix} = 0, \qquad \begin{vmatrix} x & a & b & c \\ c & x & a & b \\ b & c & x & a \\ a & b & c & x \end{vmatrix} = 0. \quad \text{(\textbf{A. Legoux}.)}$$

**132. *Lehrsatz von Kronecker* (Nach dem Lehrsatze von Laplace):

$$\begin{vmatrix} a_1x_1 & b_1x_1 & a_1x_2 & b_1x_2 & a_1x_3 & b_1x_3 \\ a_2x_1 & b_2x_1 & a_2x_2 & b_2x_2 & a_2x_3 & b_2x_3 \\ a_1y_1 & b_1y_1 & a_1y_2 & b_1y_2 & a_1y_3 & b_1y_3 \\ a_2y_1 & b_2y_1 & a_2y_2 & b_2y_2 & a_2y_3 & b_2y_3 \\ a_1z_1 & b_1z_1 & a_1z_2 & b_1z_2 & a_1z_3 & b_1z_3 \\ a_2z_1 & b_2z_1 & a_2z_2 & b_2z_2 & a_2z_3 & b_2z_3 \end{vmatrix} = |\,ab\,|^3 |\,xyz\,|^2.$$

133.
$$\begin{vmatrix} a & b & c & d \\ b & a & d & c \\ c & d & a & b \\ d & c & b & a \end{vmatrix} = \begin{cases} (a+b+c+d)(a+d-b-c) \\ \times (a+b-c-d)(a+c-b-d). \end{cases}$$

Eine bisymmetrische Determinante (Ueb. 44), wie obige, von $2^n = 2p$ Zeilen, von denen jede aus denselben Elementen besteht, die so geordnet sind, dass dieses auch der Fall ist für jedes Viertel der Tafel, ist das Product von $2p$ Factoren, von denen jeder eine algebraischen Summe der $2p$ Elementen ist (Puchta**).

134. Wenn die ganze Function $ax^4 + bx^3 + cx^2 + dx + g$ gleich null ist für $x = x_1, x = x_2, x = x_3, x = x_4, x = x_5$, so sind die Coefficienten a, b, c, d, g null (Vergl. N^r 19, Beispiel II, N^r 29, III).

**135. Man verallgemeinere folgende Relation, in welcher die erste Determinante cyclosymmetrisch ist:

$$\begin{vmatrix} a_1+x_1 & a_2+x_2 & a_2-x_2 & a_1-x_1 \\ b_1+y_1 & b_2+y_2 & b_2-y_2 & b_1-y_1 \\ b_1-y_1 & b_2-y_2 & b_2+y_2 & b_1+y_1 \\ a_1-x_1 & a_2-x_2 & a_2+x_2 & a_1+x_1 \end{vmatrix} = 2^4 \begin{vmatrix} a_1 & a_2 \\ b_1 & b_2 \end{vmatrix} \begin{vmatrix} x_1 & x_2 \\ y_1 & y_2 \end{vmatrix}.$$

**136. Man findet *Brioschi's* Lehrsatz: *Jede Determinante ist gleich einer Halbdeterminante* (Ueb. 50, N^r 26, III), indem man in Ueb. 135 setzt: $x_1 = a_1, y_2 = b_2, x_2 = b_1, y_1 = a_2$.

**137. Eine Circulante von $2n$ Zeilen lässt sich darstellen unter der Form einer Determinante von n Zeilen, wenn man das Product der zwei Determinanten, in welche man die Circulante zerlegen kann, in eine cyclosymmetrische Determinante umwandelt (Ueb. 44, 46, 135).

138. Die Potenz $(n+1)$ einer Eliminante von n linearen homogenen Functionen von n Variabeln ist, abgesehen vom Vorzeichen, gleich der Eliminante der Quadrate und aller Producte von je zwei dieser Functionen (Hunyady**).

**139.
$$\begin{vmatrix} (1,1) & (1,2) & \ldots & (1,n) \\ (2,1) & (2,2) & \ldots & (2,n) \\ \cdot & \cdot & \ldots & \cdot \\ (n,1) & (n,2) & \ldots & (n,n) \end{vmatrix} = \varphi(1)\,\varphi(2)\ldots\varphi(n),$$

wenn wir mit (i, k) den grössten gemeinschaftlichen Teiler der ganzen Zahlen i und k und mit $\varphi(k)$ die Anzahl der Zahlen unter k, welche in Bezug auf k Primzahlen sind, bezeichnen (**Smith**). Man weiss, dass jede Zahl die Summe aller Functionen φ ihr Teiler ist.

140. Wenn man in obiger Determinante jedes Glied (i, k) durch die gleichwertige Summe von φ ersetzt, so ergiebt sich eine Identität, in welcher die Functionen φ durch beliebige Zahlen ersetzt werden können (P. Mansion**).

Inhaltsverzeichnis.

Einleitung.

I. *Zweizeilige Determinanten. System zweier linearen Gleichungen.*

    1. Determinante von vier Elementen. 5
    2. Elimination einer Unbekannten aus zwei linearen Gleichungen. . 6
    3. Auflösung zweier linearen Gleichungen. Fall, wo die Determinante der Coefficienten der Unbekannten nicht null ist 7
    4. Homogene Gleichungen mit zwei oder drei Unbekannten. . . . 8

II. *Dreizeilige Determinanten.*

    5. Determinante von neun Elementen 9
    6. Beziehungen zwischen den Determinanten von vier und von neun Elementen. 10

III. *Eigenschaften der Determinanten.*

    7. Erste Eigenschaft. Multiplication und Division der Determinanten mit einer Zahl m 11
    8. Zweite Eigenschaft. Vertauschung der Colonnen und Zeilen. . . 12
    9. Dritte Eigenschaft. Vertauschung zweier parallelen Linien . . . 12
    10. Vierte Eigenschaft. Determinanten mit zwei gleichen parallelen Linien 13

IV. *Eigenschaften der Unterdeterminanten.*

    11. Definition 14
    12. Eigenschaften der Unterdeterminanten 15

V. *Gleichungen vom ersten Grade mit drei Unbekannten. System von drei linearen Gleichungen.*

    13. Elimination zweier Unbekannten aus drei linearen Gleichungen. . 16
    14. Auflösung von drei linearen Gleichungen. Die Determinante der Coefficienten ist nicht null. 18
    15. Homogene Gleichungen mit drei oder vier Unbekannten 19

VI. *Princip der Addition der Linien.*

    16. Fünfte Eigenschaft. Addition der Linien. 20

Kapitel I. Definition und Fundamental-Eigenschaften der Determinanten.

I. *Permutationen von Elementen mit einem Index.*

    1. Inversionen 23
    2. Gerade oder ungerade Permutationen. 24
    3. Lehrsatz über die Vertauschung zweier Elemente 24
    4. Cyclische Permutationen 25

II. *Permutationen von Elementen mit zwei Indices*

   5. Definition 26
   6. Lehrsatz über die Vertauschung zweier Zeilen oder Colonnen . . 27
   7. Bildungsgesetz 27
   8. Lehrsatz über die Vertauschung zweier Elemente. Gerade oder ungerade Permutationen. Bemerkung über die Determinanten mit einer beliebigen Anzahl von Indices 28

III. *Definition der Determinanten.*

   9. Definition und Anmerkung 29

IV. *Fundamental-Eigenschaften.*

   10. Eigenschaft I. Multiplication mit einer Constanten. Theorem von Muir 31
   11. Lemma über die Vertauschung der Zeilen oder Colonnen . . . 32
   12. Eigenschaft II. Vertauschung der Zeilen und Colonnen; symmetrische und hemisymmetrische Determinante 32
   13. Eigenschaft III. Vertauschung der Zeilen (oder Colonnen) unter sich. 32
   14. Eigenschaft IV. Determinante mit zwei identischen Zeilen. Product der Differenzen von n Grössen. Sätze von Salmon, E. Lucas, Wolstenholme, Garbieri 33

Kapitel II. Berechnung der Determinanten.

I. *Eigenschaften der Unterdeterminanten.*

   15. Von den Unterdeterminanten und algebraischen Complementen. Symmetrische Determinante 35
   16-17. Erste Eigenschaft der Unterdeterminanten. Zusätze. Lehrsatz von Laplace 37
   18. Zweite Eigenschaft der Unterdeterminanten 40

II. *Princip der Addition der Zeilen.*

   19. Eigenschaft V. Addition der Zeilen oder Colonnen. Persymmetrische Determinanten 41
   20. Eigenschaften einer Null-Determinante; adjungierte Determinanten. 47

III. *Summen und Producte von Determinanten.*

   21. Abgekürzte Bezeichnung für die Determinanten 52
   22. Eigenschaft VI. Summe von Determinanten 53
   23. Mnemotechnische Regel für die Eigenschaften I, IV, V, VI; Entwickelung von Determinanten, deren Elemente Polynome sind. . . 54
   24. Eigenschaft VII. Product von Determinanten 55
   25. Anwendungen. Fläche des Dreiecks. Gleichung von Laplace . . 57
   26-27. Zusätze und Verallgemeinerung der Eigenschaft VII. Unvollständige Determinanten. Gesetz der algebraischen Complemente . 61

Kapitel III. Anwendungen.

I. *Auflösung der linearen Gleichungen.*

   28. Lineare Functionen, welche durch lineare Relationen verbunden sind 64

29. Auflösung der linearen Gleichungen. Allgemeiner Fall 65
30. Besondere Fälle. Ueberblick 70

II. *Elimination. Fall, in welchem die Gleichungen linear sind.*

31. Resultante und Eliminante von n linearen Gleichungen. Eigenschaften der Kegelschnitte 75
32. Anwendungen auf nicht lineare Gleichungen. Resultante einer Gleichung zweiten Grades und zweier linearen Gleichungen zwischen drei Unbekannten. 81

III. *Elimination. Fall zweier Gleichungen von beliebigem Grade.*

33. Dialytische Methode. 84
34. Gleichung mit den gemeinschaftlichen Wurzeln 87
35. Cauchy'sche Methode 88
36. Eliminations-Theorem von Bézout. 90

Anhang.

I. Determinante als symbolisches Product 91
II. Dialytische Eliminations-Methode 92
III. Vermischte Uebungsaufgaben 92

INDEX.

Die Ziffern bezeichnen die Nummern oder wenn Ueb. vorhergeht, die Uebungsaufgaben.

Circulante, Ueb. 46, 47, 60, 137; schiefe —, Ueb. 46.
Complement, Ueb. 27; algebraische — Ueb. 27; Gesetz der algebraischen — Ueb. 74, 2°.
Continuante, Ueb. 17, 31, 81, 121.
Cyclen, 4.
Dérangement, 1.
Determinante, 9; — als symbolisches Product, Anhang I; — mit mehreren Indices, 8, Note.
   adjungierte —, Ueb. 52, 67, 74.
   bisymmetrische —, Ueb. 44, 51, 133.
   centrosymmetrische — = cyclosymmetrische —.
   hemisymmetrische — oder symmetrisch schiefe —, 26, III; Ueb. 20, 26, 50.
   orthosymmetrische — = persymmetrische —; doppelt orthosymmetrische — = Circulante.
   persymmetrische —, Ueb 45.
   pseudosymmetrische — = schiefe —
   reciproke — = adjungierte —.
   rechtwinklige — = unvollständige —.
   schiefe —, Ueb. 20, 26, 57.
   symmetrale mit voller Diagonale — = schiefe —; — mit leerer Diagonale — = hemisymmetrische —.
   symmetrische —, 26, II; Ueb. 25, 39, 49, 71.
   symmetrisch schiefe — = hemisymmetrische —; unvollständige —, 27, II.
Discriminante, 31, Beispiel, I.
Element, 1; — mit zwei Indices, 5; gerade, ungerade —, Ueb. 15, 104.
Eliminante, 29, 30, 31, 33, 35; — von Cauchy, 35. — von Hunyady, Ueb. 138, — von Sylvester, 33.
Halbdeterminante, 26, III; Ueb. 50, 136.
Hauptglied, 9.
Hauptunterdeterminante, 33, II.
Inversion, 1.
Methode: Cauchy's Eliminations —, 35; Tchirnhausens —, 32, III; — der kleinsten Quadrate, Ueb. 78; dialytische —, 33, Anhang, II.
Null-Determinante, 20; Null-Unterdeterminante, 20, C.
Permutation: cyclische —, 4; — von n^2 Elementen, 5; gerade, ungerade —, 2, 8.
Pfaffian = Halbdeterminante.

Regel: Sarrus' — 9, Ueb. 102; Bonolis'—, Ueb. 101, 102.
Resultante, 29, 31, 33, 35.
Theorem von Bézout (Eliminations—) 86.
— von Bourlet, Ueb. 122.
— von Brioschi, Ueb. 58; (anderes), s. Halbdeterminante.
— von Cauchy, 19, II, 1°; *passim*.
— von Cramer und Bézout, 3, 8.
— von Falk, 20; (anderes) 33.
— von Hunyady, Ueb. 138.
— von Janni, Ueb. 15; 19, III.
— von Kronecker, Ueb. 132.
— von Laplace, Ueb. 33, 27, 13, 4; 38.
— von L. Lévy, Ueb. 120.
— von Muir, Ueb. 18, 32, 74, 3°, 121.
— von Smith, Ueb. 139.
— von Sylvester, 25, Beispiel, III.
— von Van Geer, Glaisher und Catalan, Ueb. 78.
— von Voigt, Ueb. 112.

Transmutation = Inversion, 1.
Unterdeterminante, 15.